Ann Klee

# Fateful Lust
# Verhängnisvolle Lust

Ann Klee

# Fateful Revenge

## Verhängnisvolle Rache

Rediroma-Verlag

Bibliografische Information der Deutschen Nationalbibliothek:
Die Deutsche Nationalbibliothek verzeichnet diese Publikation in der Deutschen Nationalbibliografie; detaillierte bibliografische Daten sind im Internet über http://portal.dnb.de abrufbar.

ISBN 978-3-98527-184-9



www.rediroma-verlag.de
12,95 Euro (D)

**Wenn dich alles verlassen hat,
folgt das Allein sein…
Wenn du alles verlassen hast,
folgt die Einsamkeit…**

# Inhalt

# Romanfiguren

**Sie:** Selbstbewusstes Auftreten, verunsichert durch die Ereignisse, die sich immer mehr zu einem Schauspiel der Psyche und menschlichen Abgründen entwickelt haben. Verlässt sich vollkommen auf ihn und hegt blindes Vertrauen in all seine Entscheidungen. Trägt seit dem Unfall gerne seine Trainingsanzüge, um ihre Weiblichkeit zu verbergen. Ohne ihn an ihrer Seite, fühlt sie sich hilflos und verloren. Versucht zu helfen, wo sie kann, agiert dabei oft dumm und unüberlegt. Verliebt in ihn seit frühster Jugend, mit einem Hang dazu, sich selbst zu verlieren. Hübsch, weiblich, immer freundlich. Wurde aufgrund einer Verwechslung entführt und gequält.
Besonderes Merkmal: Blonde, lange Locken

**Er:** Selbstsicheres, oftmals autoritäres Auftreten. Hinter der Fassade, verbirgt sich Unsicherheit und ständige Angst, dass ihr ein Unheil passiert, was er nicht verhindern kann. Groß, breit, eindrucksvoll. Selfmademan, leitende Position in einem globalen Unternehmen. Seit seinem fünften Lebensjahr mit seinem besten Freund eng verbunden, immer bereit Hilfe anzubieten und zu gewähren.
Die Freundschaft der beiden gehört nun endgültig der Vergangenheit an, nach den aktuellen Ereignissen. Noch verheiratet, zwei Söhne, die erwachsen sind und sein ganzer Stolz. Wurde bei ihrer Rettung schwer verletzt.
Ehemaliges Hobby: Kick-Boxen
Besonderes Merkmal: Seine blauen Augen, die jede Gefühlsregung verraten.

**Seine Noch-Ehefrau:** Bei einem Fluchtversuch mutmaßlich ertrunken, jedoch wurde ihre Leiche nie gefunden. Zerfressen von Wut über den Verlust ihrer Ehe. Rachsüchtig planend und manipulativ. Nennt ihren Liebhaber, den Idioten. Millionärsgattin, die sich durch ihr Alter und ihr Ehe-Aus, herabgesetzt fühlt. Liebt ihren gesellschaftlichen Status über alles. Besessen von Geld und Luxus, durch die Erfolge ihres Mannes verwöhnt, die sie sich auch mit anrechnet. Hat seinen Freund für ihre Zwecke eingespannt und beschlossen reiche Witwe zu werden. Unzufrieden mit den Entwicklungen der Ereignisse.
Fühlt sich betrogen und benutzt, übt keine Selbstreflektion.
Besonderes Merkmal: Eiskalt und berechnend.

**Sein Jugendfreund, der Idiot:** Schreckt vor keiner Missetat mehr zurück. Hohes Aggressions- und Gewaltpotential. Getrennt lebend. Komplett ohne Hemmschwelle. Vererbte Bipolare Störung. Sadist, wie er im Bilderbuch steht, konsumiert gerne Kokain, um seine Aggressionen und seinen Hass auf die Gesellschaft zu vergessen. Zerfressen von Neid auf seinen besten Freund. Rachsüchtig, eiskalt und neidisch, von Hass gesteuert. Besessen von Geld und Luxus. Verhältnis mit der Frau seines Freundes, in der Hoffnung, es ihm dadurch heimzuzahlen. Seit frühster Kindheit schwer gestört, verfolgt seine eigenen dunklen Pläne. Ehemaliger Hobby-Kick-Boxer. Groß, breit, guter Körperbau.
Besonderes Merkmal: Extreme Brutalität und Blut-Lust

**Ihre Freundin:** Teilt seit dreißig Jahren mit ihrer besten Freundin Kummer und Sorgen. Lässt sich von ihrer Gefährtin zu dummen Handlungen hinreißen.
Treue Vertraute, die immer versucht das Positive zu sehen, obwohl sie von Natur aus misstrauisch allem und jedem gegenüber ist. Träumt noch von der wahren, bedingungslosen Liebe. Selbstbewusste Geschäftsfrau, von der ersten Begegnung an hingerissen von seinem Anwalt. Attraktiv, klein, zierlich, schöne Stimme.
Besonderes Merkmal: Ein großes Herz

**Der Anwalt:** Firmenanwalt, neuer Gefährte von ihm, durch die Ereignisse zu einem wahren, ehrlichen Freund für ihn geworden. Geprägt durch vier Jahre Polizeiarbeit in einer Spezialeinheit. Nahkampferfahren und Schusswaffenträger. Kühl, klug, reserviert, auf alle Situationen im Leben vorbereitet. Selbstsicher, solange es nicht sein Liebesleben betrifft. Geschieden, alleinstehend. Von der ersten Begegnung an verliebt in ihre Freundin.
Groß, attraktiv und eher schüchtern Frauen gegenüber.
Gequält von seinem schlechten Gewissen, aufgrund einer Fehleinschätzung seinerseits.
Besonderes Merkmal: Hingebungsvoller Freund, bereit alle Konsequenzen seines Handelns zu tragen

**Nancy-Lou, Candy, Roxane:** Frauen aus dem horizontalen Gewerbe die einfach zur falschen Zeit am falschen Ort waren

**Viola Velvet:** Unerwartete Hilfe …

# Erster Teil

# Liebe ist mehr als nur ein Kuss …

# Kapitel 1 … Auswirkung der Rache …

Als sie zu sich kam, schaute sie in die Augen ihrer liebsten Freundin.

Innerlich stöhnte sie auf, ihr Kopf fühlte sich leer an und das grelle Licht schmerzte in den Augen. Der Mund war trocken und sie spürte jeden Muskel in ihrem Körper. Übelkeit überkam sie als ihr Bewusstsein langsam zurückkehrte.

Es war schon wieder ein Krankenhausbett, in dem sie lag. Ihre Hand tastete über ihren Bauch und fühlte den Verband. Es war kein Alptraum gewesen, wie lange lag sie hier schon?

Das Sprechen fiel ihr schwer, sie griff nach der Hand ihrer Freundin und flüsterte seinen Namen. Wo war er?

Ihre letzte Erinnerung schmerzte und sie sah seinen blutenden Körper auf ihrem Schoß, seine blassen Lippen und seine geschlossenen Lider. Ein Schluchzen stieg in ihr auf, es fühlte sich an, als wenn ihr Herz aufhörte zu schlagen. Mit qualvoller Wucht kehrte die Erinnerung zurück, mit ihr auch das Gefühl des Schmerzes und des Verlustes.

Es durfte, es konnte nicht sein …

Ihr Leben wäre ohne Sinn, wenn er nicht bei ihr sein konnte, all die Jahre ohne ihn, wie sollte sie weiter existieren ohne seine Liebe? Tränen tropften auf die Bettdecke und sie schloss die Augen, warum war sie nicht auch gestorben?

Flehend suchten ihre Hände die ihrer Freundin, klammerten sich an ihre Finger.

Diese beugte sich zu ihr, streichelte über ihre Haare und

sagte leise:
„Er lebt, er kämpft, er wird es schaffen, ich weiß es!“
Leise erzählte die Freundin ihr von seinen Verletzungen, dass die Ärzte ihn seit Stunden operierten, wie schwierig es war, wegen des großen Blutverlustes, den er erlitten hatte.
Aber man wirklich alles für ihn tue, sie nicht aufgeben sollte an das Gute zu glauben.
Alle mussten nun positiv denken, Kraft an ihn schicken.

Sie starrte auf die gegenüberliegende weiße Wand, versuchte ihre Gedanken zu ordnen.
Zu ihrer Befreiung hatte sie keine klaren Bilder in ihrem Kopf.
Immer wieder sah sie nur sein Blut, seine wachsbleiche Haut.
Innerlich krümmte sie sich zusammen, dann fing sie an sich vor und zurück zu wiegen.
Immer und immer wieder …
Sie wollte nicht mehr daran denken, all das Blut, der Schmerz, das Gefühl des allein gelassen worden seins.
Ihre Liebe konnte ihm nicht helfen, nichts konnte ihm helfen.
Nichts konnte die Katastrophe ungeschehen machen.
Es klopfte dumpf an der Tür, der Anwalt betrat leise das Krankenzimmer.
„Sie haben es geschafft, der Schaden an der Lunge ist repariert, das Herz schlägt wieder normal. Die nächsten 48 Stunden sind entscheidend, aber die Ärzte meinen, er war in körperlich guter Verfassung und er kann es schaffen wieder ganz gesund zu werden!“
Seine Gesichtszüge waren sorgenvoll, drückten nicht das

aus was er erzählte.

Aber es war Hoffnung, Hoffnung dass er leben würde, bei ihr sein würde.

Sie stemmte ihren Oberkörper hoch und sofort durchzuckte sie ein scharfer Schmerz in ihren Bauch.

Egal, sie wollte zu ihm, ihn sehen, ihn in ihren Armen halten.

„Ich will zu ihm, jetzt sofort!"

Ihre Freundin versuchte sie zu überreden nicht aufzustehen, aber es war sinnlos.

Sie würde sich nicht davon abhalten lassen, zog schon die Jacke über, die ihre Freundin mitgebracht hatte.

Fast zwei Tage lag sie hier, während er um sein Leben kämpfte.

Jetzt war es an der Zeit ihm beizustehen, ihn fühlen zu lassen, dass sie da sei.

An der Hand ihrer Freundin verließ sie das Zimmer und der Anwalt lotste sie langsam Richtung Aufzug.

Die Intensivstation lag in der zweiten Etage, bis zum Fahrstuhl hatte sie schon das Gefühl der Schwäche in den Beinen.

Es war unwichtig, sie wollte ihn sehen und ihm Mut zusprechen.

Ihm sagen, dass sie ihn liebte und er stark war, stark sein musste, jetzt besonders für sie beide.

In der zweiten Etage angekommen, schnappte sie nach Luft.

Der Geruch in den Gängen, raubte ihr den Atem und der Schmerz in ihrem Bauch brannte wie Feuer.

Ihr Gesicht fühlte sich fiebrig an und die Haut an ihrem Körper fröstelte. Sie spürte plötzlich die Müdigkeit, aber sie hatte es geschafft.

Der Anwalt ging voran in das Schwesternzimmer und meldete sie an.

Eine Schwester kam heraus und schüttelte den Kopf, als sie sie ansah.

Ihre Freundin schob sie in Richtung der älteren Schwester, nahm die Hand des Anwalts.

„Wir warten hier auf dich!"

Die Schwester gab ihr einen Wegwerfkittel, den sie anzog, dann ging sie durch die Glasschiebetür der weiß gekleideten Gestalt hinterher.

Ihre Beine waren wackelig und die Hände zitterten.

In dem Glasabteil piepte und summte es, sie fühlte sich völlig überfordert und hilflos, Tränen brannten in den Augenwinkeln.

Er war blass, seine Lider geschlossen.

Langsam trat sie an das Bett und griff nach seiner Hand. In dem Moment öffnete er die Augen, sie hatte einen Moment vergessen, wie blau sie waren.

Ihr Herz quoll über vor Liebe, ihn so zu sehen war ungewohnt, löste Panik in ihr aus.

Sein Grinsen war schmerzverzerrt als er sie ansah und er nahm ihre Hand fest in seine.

Sanft strich sie über seine Wange, er hatte einen Dreitagebart und wirkte verwegen damit.

Verzweiflung machte sich in ihr breit, sie hatte ihn noch nie so verletzlich gesehen, für sie war er der Fels in ihrer Brandung.

Immer hatte sie ihn als stark, unnahbar und unverwundbar wahrgenommen.

Nun zeigte sich, dass er nur ein Mensch war, ein Mensch

wie sie. Verletzlich, zerbrechlich …

Tränen tropften auf seine Hand, sie weinte.

Er zog sie zu sich hinunter und küsste die Tränen weg.

„Nicht weinen, ich liebe dich. Alles wird wieder gut!“

Drei Wochen später …

Der Anwalt griff nach seinem Telefon, tippte im Kurzwahlspeicher auf eine Nummer.

Nach dem dritten Freizeichen wurde am anderen Ende abgenommen.

Der Kollege der Spezialeinheit hörte sich weit weg an. „Was gibt es neues?“, fragte der Anwalt.

„Nichts, keine unidentifizierte Frauenleiche und kein Flüchtiger in Sicht.

Er ist wie vom Erdboden verschluckt, ich verstehe es nicht.

Keine Spur, auch nicht der geringste Hinweis.

Ich will, dass du zurückkommst, an dem Fall mit uns arbeitest. Keiner ist so gut informiert wie du … Du kennst beide und ihre Gewohnheiten …

Du bist mittendrin, vielleicht schon zu nah, aber das könnte uns von Nutzen sein.

Hast du mal überlegt eine Auszeit vom Büro zu nehmen und für ein paar Wochen zu uns zu stoßen, als freier Mitarbeiter so zu sagen?

Ich habe den Segen von oben eingeholt, du kannst jederzeit zurück.

Wir müssen ihn finden, er wird es wieder versuchen. Wenn du willst, dass dein Freund Ruhe bekommt, wird es nur so funktionieren. Was meinst du?“

Der Anwalt atmete tief durch und seine Antwort war leise: „Ich muss erst noch etwas klären, aber rechnet mit mir.

Ich habe keine ruhige Minute mehr, er wird heute entlassen, ist noch nicht wieder ganz fit.

Das heißt, er wird sich bei einem erneuten Angriff nicht richtig verteidigen können.

Ich werde die Aufgabe übernehmen, auf die beiden aufzupassen. Gib mir zwei-drei Tage, es wird ihm nicht gefallen. Ich melde mich wieder.“

Mit diesen Worten legte er auf.

Er packte seinen Autoschlüssel und schaltete das Licht aus.

Seine Vorzimmerdame hatte er schon auf unbestimmte Zeit in bezahlten Urlaub geschickt, sämtliche Fälle an gute Kollegen abgetreten.

Er konnte das so nicht auf sich beruhen lassen, er war sich so sicher gewesen, dass sein Schuss tödlich endete.

Stunde um Stunde hatte er in den letzten zwei Wochen im Schießstand zugebracht mit seiner Walther P99 und einer Glock 19 geübt, seine Schussfertigkeit war gut, aber er musste sie noch weiter verbessern.

Sie sollte wieder perfekt werden.

Er wollte eins mit seinen beiden Waffen sein, wie früher, so etwas durfte sich auf keinen Fall mehr wiederholen.

Er hatte im entscheidenden Moment versagt, hatte nicht genau genug getroffen.

Nun lief dieser Wahnsinnige weiter frei herum und man konnte nicht wissen, ob und wann er wieder zuschlagen würde.

Das beunruhigte ihn zutiefst, ließ ihn nachts nicht mehr richtig schlafen.

Sein bester Freund wurde bedroht, war fast gestorben.

Haarscharf war er nochmal dem Sensenmann von der Klinge gesprungen.

Er würde sich nicht darauf verlassen, dass kein Übergriff mehr stattfand.

Langsam ließ er die Jalousien hinunter und schloss sorgfältig die Bürotür ab.

Im Vorzimmer schaltete er den Anrufbeantworter ein, der auf seinen Kollegen verwies, dann löschte er auch hier das Licht.

Sein Blick schweifte noch einmal im Raum umher, es würde ein paar Wochen dauern, bis er zurückkehrte in sein Reich.

Hier war alles, was er sich aufgebaut hatte, hier war sein Weg des Erfolgs im Leben.

Im Moment bedeutete ihm das nichts mehr.

Nun mussten sein Handeln und sein Schutz, seinem besten Freund gelten.

Eine Freundschaft, die sich langsam aufgebaut hatte, aber einen unendlichen Wert für ihn darstellte.

Sie hatten gelernt gemeinsam dem Sturm des Lebens zu trotzen, so etwas fand man nicht jeden Tag.

Für eine unbestimmte Zeit, riegelte er die Kanzleitür von außen zu und ging langsam den Flur Richtung Parkhaus entlang.

Seine Schritte hallten von den Wänden wider, seine Gedanken waren bei dem Freund im Krankenhaus.

Das Parkhaus war menschenleer, dumpf hörte man leisen Straßenlärm in der Ferne.

Die Zeit schien stillzustehen.

Auf dem Parkdeck öffnete er mit einem Druck auf die

Fernbedienung, die Tür seines AMG S 65 und rutschte auf den Sitz.

Er startete den Motor und glitt leise aus der Parklücke.

Heute war sein letzter Tag auf dem Schießstand, er konnte es fühlen, er war so weit.

Am späten Nachmittag würde er beide aus der Klinik abholen und nachhause fahren.

Alles war aus dem Ruder gelaufen seit dieser Nacht.

Seine Beziehung hatte eine Wendung genommen, ihre Freundin nahm ihm sein unüberlegtes Handeln übel, sie wollte Zeit zum Nachdenken.

Nun, die konnte sie haben, er musste einiges klären, um da weiter machen zu können, wo sie beide aufgehört hatten.

Er war enttäuscht über ihr Unverständnis und ihre kühle Reaktion.

Es hatte ihn nicht überrascht, aber dennoch war er traurig über ihr mangelndes Vertrauen und in seinen Augen ihre mangelnde Liebe zu ihm.

Er und sein Freund hatten eigenmächtig gehandelt, aber auch für außenstehende Personen nachvollziehbar.

Wehmütig dachte er an ihre schönen Augen und ihren hübschen, kleinen Mund.

Aber sie hatte es nicht beendet, nur um eine Auszeit gebeten.

Seine Verliebtheit hatte ihn zu selbstsicher werden lassen, er war blind gewesen und hatte auf Wolken des Glücks geschwebt. Es war gut, dass sie ihn im Moment nicht sehen wollte.

Dann wäre er wenigstens fokussiert und nicht abgelenkt, wenn er sich für ein paar Wochen wieder auf die Spezialeinheit einließ.

Es würde ihr nicht gefallen, so musste er es nicht erzählen. Sie wollte ihn nicht sehen und erst einmal nichts von ihm hören.

Mit etwas Glück wäre alles vorbei, noch bevor er ihr erzählen musste, dass er zur Einheit zurückgegangen war.

Der Verkehr war dicht und er kam nur langsam voran.

Die Ampel stand auf Rot und er war in seine Überlegungen versunken, als hinter ihm gehupt wurde.

Gott, waren die Menschen gereizt in den Straßen heute. Er gab Gas, und hob beschwichtigend die Hand, als ein dunkler SUV ihn hupend überholte.

Kopfschüttelnd setzte er seinen Weg zum Quartier der SEK Einheit fort.

Seine Überlegungen hielten ihn gefangen, er konnte seine Gedanken einfach nicht abstellen.

Das große Tor fuhr geräuschlos auf, nachdem er den Sicherheitscode eingegeben hatte.

In der hintersten Ecke war noch ein Parkplatz frei.

Er stieg aus dem Wagen und nahm seine Sporttasche aus dem Kofferraum.

Der kalte Wind fegte über den Parkplatz und ließ die Blätter in den Bäumen rauschen.

Ein Schauer lief seinen Rücken hinunter und er fragte sich, wann diese ganze unleidliche Geschichte endlich ein Ende fand.

Auf dem Schießstand lief es gut, seine Treffsicherheit war wieder so wie früher.

Er fühlte sich wieder eins mit seinen Waffen, die beiden Kollegen, die mit im Raum waren, nickten ihm anerkennend zu.

Er war wieder ganz der Alte, als er beide Waffen sicherte und in ihren Holstern an seinem Körper verstaute. Dann zog er seinen Blouson über und nahm am Ausgang vom Wachhabenden seinen SEK Ausweis entgegen.

Es wurde Zeit zum Krankenhaus zu fahren und die beiden abzuholen.

Plötzlich war er sich sicher, dass er nicht lange warten musste, bis seine Waffe wieder in Gebrauch war.

Als er aus dem Gebäude ging, sah er wie sich dunkle Wolken am Horizont zusammenballten.

Der Wind blies noch immer scharf um die Ecken des kantigen Ausgangsbereichs.

Ein ungutes Gefühl beschlich ihn auf dem Weg zu seinem Wagen und ließ ihn nicht mehr los.

Am Krankenhausportal angekommen, warteten beide schon in der Einfahrt. Blasse Gesichter, müde und abgespannt wirkten sie in seinen Augen.

Was diese Situation mit ihnen allen machte, war zutiefst verstörend.

Die Hintergründe und Motivationen für den Irrsinn der Frau seines Freundes und ihrem wahnsinnigen Liebhaber, würden sie wohl niemals aufdecken.

Viel Geld war immer ein starkes Tatmotiv und hier kam noch Neid hinzu, der sich in Hass gesteigert hatte.

Das Täterpaar hatte sich anscheinend in eine Welle aus Neid, Habgier und Missgunst hineingesteigert und kein Ende mehr gefunden.

Diese Fälle kannte er nur zu gut, von seiner Tätigkeit als Anwalt, aber auch in seiner Zeit in der Spezialeinheit, war es immer ein starkes Motiv gewesen.

Er seufzte, diese Welt würde er nicht mehr ändern, das Böse lauerte überall, an jeder Ecke.

Als er beide an ihrer Wohnung abgesetzt hatte, fuhr er zurück in das Quartier des SEK.

Mit seinem eigenen Wagen konnte er die Aufgabe, die beiden zu ihrem Schutz zu bewachen, nicht bewerkstelligen.

Er brauchte ein unauffälligeres Fahrzeug, auch wollte er zuerst mit seinem Freund reden und ihn darauf vorbereiten, dass sie beschützt wurden.

Mit allzu großer Sicherheit würde er sich dagegen sträuben, da er ein Mann war, der gerne selbst die Fäden in der Hand hielt.

Aber er würde sich beugen müssen, würde nachgeben. Der Anwalt war sein bester Freund und engster Vertrauter, besser er würde ihn überwachen als jemand den die beiden nicht kannten.

Er hing seinen Gedanken nach und bemerkte nicht, dass er verfolgt wurde.

Ein kleiner dunkler PKW fuhr ihm schon seit seiner Ankunft am Klinikum nach, der Verkehr war dicht und er ging seine Sorgen im Geiste durch, schaute nicht in den Rückspiegel.

Vor dem Gebäude der Einheit, bog der kleine schwarze Wagen in eine Seitengasse ein, der Anwalt fuhr durch das elektrische Tor der Tiefgarage, was sich automatisch wieder schloss.

So konnte er nicht mehr sehen, wer in dem kleinen zerbeulten Seat saß und seinen Wagen mit hasserfüllten Blicken fixierte.

Im Einsatzbüro sprach er mit dem Leiter der Einheit, der ein alter Kamerad war, erklärte noch mal in welchem Verhältnis er zu den beiden stand.

Sein Kollege, mit dem er heute Morgen schon telefoniert hatte, hörte ihm geduldig zu.

Als er endete, blickte er sein Gegenüber erwartungsvoll an.

„Du weißt, wie ich dazu stehe Arbeit und Privates zu vermischen, aber ich glaube hier würde es uns helfen näher an den beiden dran zu sein.

Das minimiert die Chance des Täters, mit einem erneuten Versuch Erfolg zu haben.

Das teuflische Duo ist wie vom Erdboden verschluckt, keine Kontobewegungen, keine Kontakte zu den Söhnen. Nichts … Ich wundere mich, da sie keine kriminelle Vergangenheit haben, wie umsichtig sie weiter agieren.

Die große Frage bleibt auch haben die beiden wieder Kontakt oder handelt nun jeder einzeln aus dem Verborgenen heraus? Ich habe kein gutes Gefühl im Bauch bei der Geschichte, es ist ein hohes Gewaltpotenzial mit im Spiel, bis hin zu einem Hang zum Sadismus.

Er wird einen Fehler begehen und wir werden auf ihn aufmerksam werden.

Das ist nur eine Frage der Zeit. Er wird wieder Blut sehen wollen, das gefällt ihm in seinem Wahnsinn.

Aber sie wird wahrscheinlich im Hintergrund bleiben, wenn sie noch lebt.

Ihre Söhne könnten das fehlende Glied in der Kette werden, das sollten wir nicht außer Acht lassen.

Die Instinkte einer Mutter. Du sprichst mit deinem Freund und überzeugst ihn, dass es nur zu ihrer beider

Schutz ist.

Weich ihnen nicht von der Seite.

Ich glaube, Wahnsinn und Geduld gehen nicht Hand in Hand. Er wird nervös werden und endlich seinen Blutdurst stillen wollen.

Er handelt ohne Sinn und Verstand.

Diesmal bist du geschult und offiziell dabei, das macht es für uns alle einfacher!

Konzentriere dich ganz auf den Schutz der beiden, um den Rest kümmern wir uns.“

Mit diesen Worten und einer Hand auf der Schulter des Anwalts, verabschiedeten sich die beiden, und der Anwalt ging Richtung Tiefgarage.

Er wollte zum Fuhrpark des SEK und sich ein Auto holen.

Heimkehr …

Endlich wieder allein zu sein, ohne Ärzte, Schwestern und die ganze medizinische Maschinerie, das war sein größter Wunsch gewesen.

Er fühlte sich noch nicht hundertprozentig wieder hergestellt, aber in Anbetracht der Schwere seiner Verletzungen, war das wohl normal.

Alle Vernarbungen waren nach fast vier Wochen gut verheilt und er war langsam bereit etwas Sport zu machen, um wieder eine gute körperliche Konstitution zu erlangen.

Seit den Ereignissen in der Mühle, hatte er sie nicht mehr richtig gefühlt, ihre weiche Haut und ihre Leidenschaft gespürt.

Eine verzehrende Sehnsucht nach ihrem Körper, beherrschte momentan seine Gedanken.

Er wünschte sich nur noch endlich mit ihr allein zu sein, sie auszuziehen, in seinen Armen zu halten, seine Lust auf sie herauszulassen.

Die Schmerzen nach seinen schweren Verletzungen, waren nebensächlich.

Dem Gesprächsgeplänkel seines Anwaltes mit ihr, hörte er gar nicht mehr zu.

Er versuchte zu entspannen auf der Fahrt, sich zu sammeln.

Welch ein Wahnsinn, den sie alle Drei überstanden hatten.

An ihrer Wohnung angekommen, stieg er aus und verabschiedete sich schnell, um in Richtung Haustür zu gehen.

Sie war dicht hinter ihm, beim Aufschließen der Wohnungstür konnte er ihre Körperwärme fühlen und atmete ihren vertrauten, blumigen Duft ein.

Sie ging vor ihm in den Flur und er stieß die Tür mit dem Fuß hinter sich zu.

Nichts hatte sich verändert, seine Gier auf sie wollte nur noch gestillt werden.

Er drückte sie an die Wand und seine Atmung wurde hektisch.

„Ich will dich fühlen, zieh dich aus!" Seine Stimme war rau und gebieterisch.

Der Puls in seinen Lenden pochte und er wollte nur noch eins: Ihren Körper und seinen Höhepunkt.

Es war ihm egal, ob sie es auch wollte, es war ihm egal, ob sie sich benutzt fühlen würde, sie verzieh ihm immer, wenn er sich von seinen Sinnen leiten ließ.

Sie zog ihn an der Hand ins Wohnzimmer, schlüpfte aus ihrem Sweater, den Schuhen und der Jogginghose.

Jetzt trug sie nur noch ein Hemdchen, was er ihr über die Hüften zerrte, drängte sie zu dem runden Esstisch und schob ihren Po auf die Platte.

Dann umfasste er mit seinen Händen ihre schweren Brüste und sein Mund suchte ihre Lippen.

Sie schmeckte nach Pfefferminz und er genoss es mit ihrer Zunge zu spielen.

Eine Hand schob seine Trainingshose herunter, dann umfasste er ihre Waden und zog sie mit einem Ruck auf seinen harten Schwanz.

Erschrocken seufzte sie auf und er kam.

Er war so aufgegeilt, dass er es nicht verhindern konnte, seine Lust hatte sich nicht zügeln lassen.

Sein Atem wurde ruhiger und sein Puls verlangsamte sich, er drückte ihren Oberkörper auf den Tisch und glitt mit der Zungenspitze zwischen ihren Brüsten die lange Narbe entlang, bis zum Bauchnabel.

Was hatte dieses Schwein ihr nur angetan?

Er wischte den Gedanken fort, fühlte, dass er sie nochmal haben wollte.

Ihre Hitze, die weiche Haut und ihre Willigkeit ließen ihn alles um sich herum vergessen.

Er küsste die Innenseiten ihrer Schenkel und leckte sanft über das feuchte Fleisch in ihrem Schoß.

Sie stöhnte seinen Namen, bewegte unruhig ihr Becken.

Er liebte die Heftigkeit und Gier, die sie füreinander empfanden, nichts musste er erklären, sie gab sich ihm einfach hin.

Sein Puls schoss wieder nach oben, als sie sich dem Höhepunkt näherte und seinen Namen immer lauter stöhnte, jetzt drang er wieder in sie ein.

Zog ihren Oberkörper in seine Arme und schaute in ihr Gesicht.

Die Haut war gerötet, ihre wunderschönen Augen glänzten fiebrig.

Ihr Blick war flehend, er sah die Lust, hörte sie stöhnen, wusste genau, was sie wollte von ihm.

Rhythmisch bewegte sie ihr Becken und er fühlte sich erleichtert und gelöst.

Nichts hatte sich verändert, seine Angst war unbegründet gewesen.

Ängste, dass dieser Irre mit seinen Taten alles zerstört hatte, was sie teilten.

Die Intensität des Aktes, das Urvertrauen was sie miteinander verband, das Verständnis und die Liebe, die sie gemeinsamen lebten, waren unverändert.

Er konnte loslassen und sich ganz dem Gefühl hingeben, das ihr Körper in ihm auslöste.

Seine Bewegungen in ihr waren langsam, reizvoll, trieben sie an die Schwelle des Höhepunktes.

Er wollte in ihre Augen schauen, wollte sehen, wie sie ihre Lider schloss, wenn sie kam.

Sie biss sich auf die Lippen und keuchend suchte sie seinen Mund.

Die Explosion in seinen Lenden, fühlte er zeitgleich mit ihrem bebenden Becken.

„Ich liebe dich“, flüsterte er.

Er war so gierig, hatte keine Rücksicht genommen.

Hatte sich geholt was er wollte, es war ihr egal gewesen. Freude war in ihr aufgekommen, Freude, dass all der

Wahnsinn, den sie gemeinsam durchlebt hatten, all das Blut, ihn nicht verändert hatte.

Er war ganz wieder so wie sie ihn liebte, bestimmend und ihr mit all seinen Sinnen zugewandt.

Er löste noch immer einen Sog der Leidenschaft in ihr aus, dem sie sich nicht entziehen konnte.

Wenn er sie berührte oder mit seinen blauen Augen ansah, fühlte sie eine Anziehungskraft, der sie nicht widerstehen konnte.

Auch nach all den Jahren schaffte er es, sie alles um sich herum vergessen zu lassen.

Sie hing unter der heißen Dusche ihren Gedanken nach, als die Glastür sich öffnete und er zu ihr in die Duschkabine stieg.

Er lächelte und fing an sie einzuseifen.

Das konnte doch nicht sein, schmunzelte sie in sich hinein.

Die vier Wochen hatten ihn regelrecht ausgehungert, aber auch ihr ging es nicht anders.

In den einsamen Nächten ohne ihn, hatte sie wieder und wieder seine Hände und Lippen auf ihren Körper fantasiert. Ihre Träume waren entweder grausam gewesen, blutig und von Verlustängsten begleitet oder leidenschaftlich, sich nach seiner Wärme und Liebe verzehrend.

Jetzt fühlte sie seine seifigen Hände und seine glitschige Haut glitt über ihre.

Sein Schwanz streckte sich ihr schon wieder entgegen und lenkte sie von den Narben an seiner Brust ab, sie drehte sich um und rieb ihren Hintern an seinem Schoß und fühlte das prickelnde heiße Wasser auf ihrem Körper.

Spürte seine Zunge an ihrem Hals und spreizte die Beine

als seine Hand sich zwischen ihre Schenkel schob.

Seine andere Hand umfasste ihren Brustkorb und spielte mit ihren Nippeln.

Als er sanft von hinten in ihren Schoß eindrang, stöhnte sie.

Das Gesicht an die Fliesen gelehnt, wollte sie an nichts anderes denken, als an ihre gemeinsame Lust.

Als es schellte, hielt er irritiert inne.

„Bitte nicht, mach weiter, hör nicht auf", ihre Stimme war belegt, er konnte nicht aufhören, nicht jetzt.

Sie hörte ihn leise lachen und sein Griff wurde fester.

Er fasste um ihre Hüfte und brachte sie beide mit mehreren Stößen zum Höhepunkt.

Ihren Aufschrei erstickte er mit seiner Hand.

Er presste sich an sie und seine Atmung wurde ruhiger, während die Erregung langsam abebbte.

Es klingelte wieder, sie hörte ihn genervt „Scheiße", murmeln.

Dann glitt er aus der Duschkabine und schlang sich das Badetuch um seine Hüften.

Sie hörte ihn zur Eingangstür der Wohnung laufen.

Entspannt, schloss sie ihre Augen und ließ das heiße Wasser an sich heruntergleiten.

Sie vernahm leise Stimmen im Flur, erkannte seinen Freund den Anwalt.

Beruhigt fing sie an, sich die Haare zu shampoonieren. Alles war gut, der Alltag würde wieder einkehren und sie konnten langsam anfangen die schrecklichen Ereignisse der letzten Wochen zu vergessen.

Sie summte ein Lied vor sich hin und war einen Moment glücklich und zufrieden.

„Du bist verrückt, das ist völlig bescheuert, das könnt ihr nicht machen!"

Wütend erhob er seine Stimme und Zorn blitzte in seinen Augen.

„Das kommt gar nicht in Frage, wir brauchen keinen Schutz, ich kann auf uns beide aufpassen!"

Der Anwalt hatte es kommen sehen, hatte mit der Ablehnung und dem Zorn gerechnet.

Besänftigend redete er auf ihn ein, wägte das Für und Wider ab. Dass er noch nicht fit wäre, die Operation noch nicht so lange her sei.

Er versuchte es mit ruhiger Stimme, sein Ton war schärfer als er beabsichtigt hatte.

Es tat ihm leid, aber sein Freund musste vernünftig sein und klar denken.

Alles anderer war reine Zeitverschwendung.

Je eher er dem Schutz zustimmte, desto wohler war ihm selbst bei der ganzen Sache.

Der Freund zog gerade, mit einem wütenden Gesichtsausdruck, seine Hose und eine Trainingsjacke über, der Anwalt sah die Narben, rötlich glänzend, kaum verheilt.

Ihm wurde übel, wenn er an die Nacht in der alten Windmühle zurückdachte, an sein Versagen erinnert zu werden war kein gutes Gefühl.

Der Wahnsinnige hatte seinem engsten Freund zwei Kugeln verpasst, die ihn nicht unerheblich verletzten.

Über 48 Stunden kämpften viele Ärzte um sein Leben, holten ihn immer wieder zurück.

Warum wollte der jetzt nicht vernünftig sein?

Sich wieder dem Risiko aussetzen?

Der verrückte Täter lief noch immer frei herum.

An die Partnerin seines Freundes wollte er gar nicht erst denken, sie war nichtsahnend ob der ganzen Situation.
In dem Moment betrat sie das Zimmer, hatte einen Jogginganzug an und ein Handtuch um ihren Kopf gewunden.

Er registrierte erst jetzt, dass auch die Haare seines Freundes nass waren, augenscheinlich hatte er sie beim gemeinsamen Bad gestört.

Egal, das hier war jetzt wichtiger.

Er musste an die Vernunft der beiden appellieren.

Es standen zwei Leben auf dem Spiel, das musste der Kopf erst einmal registrieren.

Sie lächelte dem Anwalt zu und ging zu seinem Freund, schaute ihn fragend an.

Der legte besitzergreifend den Arm um ihre Schultern und schaute den Anwalt mit kalten Augen an.

„Nicht meinetwegen, nur wegen ihr akzeptiere ich.

Auch nur wenn du es machst, kein Kollege von dir.

Ich mag es nicht, wenn über meinen Kopf hinweg bestimmt wird, das weißt du nur zu gut!“

Er nickte dem Anwalt zu und schob ihn zur Tür, bevor sie irgendwelche Fragen stellen konnte.

Was hatte das zu bedeuten?

Worüber waren sich die beiden uneinig?

Verwirrt blickte sie den Männern hinterher, wie sie den Raum verließen. Im Flur hörte sie sie flüstern, was sie noch mehr verunsicherte.

Jetzt bekam sie Angst, was war schon wieder passiert?

Hörte dieses ganze Durcheinander denn nie auf?

Es musste einmal zu Ende sein.

Sie stand noch immer in Zimmermitte, als er zurückkam. Der Anwalt war gegangen …

Er setzte sich in den großen Sessel und bedeute ihr sich auf seinen Schoß zu setzen.

Seine Gesichtszüge waren noch immer hart, sie konnte seine unterdrückte Wut in den blauen Augen blitzen sehen.

Alles was er empfand, konnte sie in seinen Augen lesen, jetzt in diesem Augenblick war er beunruhigt.

„Was ist passiert?“, fragend blickte sie ihn an.

Er zog sie auf seinen Schoß und schlang seine Arme um sie.

Niemand hatte ihr im Krankenhaus erzählt, dass ihr Peiniger flüchtig war.

Sie glaubte, dass er in der Mühle erschossen worden sei und unter der kalten Erde lag.

Jetzt musste er Farbe bekennen und ihr die Wahrheit sagen, auch, dass eine Spezialeinheit nach ihm suchte und man sie beide unter Personenschutz stellen wollte.

Er wusste nicht, wo er anfangen sollte.

Schnellstens musste er es hinter sich bringen und sie mit der Wahrheit konfrontieren, alles andere war Humbug.

Er war keiner der mit Schnörkeln und Umwegen zur Sache kam, direkt und ehrlich, so war es für ihn am einfachsten.

„Er ist nicht tot, wird gesucht, er ist wie vom Erdboden verschluckt!“

Sie sprang ruckartig von seinem Schoß herunter, starrte ihn mit entsetzt aufgerissenen Augen an und packte sich an den Hals.

Jetzt sah er die nackte Angst in ihrem Blick und stand

auf. Er wollte nach ihr greifen, sie an sich ziehen.

Einen Schritt nach hinten gehend, wich sie vor seiner Hand zurück.

Abwehrend hob sie die Arme und er sah Tränen in ihren Augen glitzern.

„Ich bin raus aus der Sache, ich verschwinde. Irgendwohin, wo er mich nie findet. Ich bin fertig mit euch,

wie konntet ihr mich so belügen?

Vier Wochen lang habt ihr mich in dem Glauben gelassen, er wäre tot, habt mich in Sicherheit gewiegt.

Fass mich nicht an, der Mensch, dem ich am meisten vertraut habe, hat mich belogen.

Wieso? Komm mir nicht mit: alles zu deinem Besten …“

Sie war noch weiter von ihm zurückgetreten und starrte ihn zornig an, ihre Augen funkelten und Tränen liefen über ihr Gesicht.

„Du hast dieses Schwein in mein Leben, in unsere beiden Leben gelassen, hast alles zerstört, was wir jemals hatten. Nichts wird je wieder so sein, wie es einmal war.

Jetzt frage ich mich, was hast du dir dabei gedacht? Warum tust du mir das an?“

Sie drehte sich um und ging in das kleine Schlafzimmer, setzte sich auf das Bett, schluchzend bahnte sich ein Weinkrampf seinen Weg.

Das konnte doch nicht wahr sein.

Warum waren sie alle nicht ehrlich, nun traf es sie umso härter.

Alles um sie herum in den letzten vier Wochen, war Lüge gewesen.

Leise betrat er das Zimmer und setzte sich neben sie auf

das Bett, wagte nicht sie anzufassen.

Er spürte den Schmerz in seiner Brust, ihr diesen Kummer nicht nehmen zu können.

Sie hatte recht, er hatte seinen ehemaligen Jugendfreund in ihr Leben gelassen, hatte sich keine Gedanken gemacht.

Wie hätte er ahnen können was passieren würde?

Nichts und Niemand, wäre auf so einen abwegigen Gedanken gekommen.

Diesen abgrundtiefen Hass und die Mordlust hätte keiner erahnen können, nach all den Jahren bedingungsloser Freundschaft.

Sie hatte die Wut des Wahnsinnigen zweimal zu spüren bekommen.

Er hatte sich an ihr ausgetobt, um ihn, dem sein eigentlicher Hass galt, zu verletzen und zu demütigen.

Jetzt konnte und wollte er ihr nicht verübeln, dass sie wütend auf ihn war.

Sie war ein vernünftig denkender Mensch und ihr Zorn würde verrauchen, das wusste er.

Er liebte sie so sehr, aber mit ihren düsteren Gedanken und Ängsten musste sie selbst fertig werden.

Das konnte er ihr nicht abnehmen, er konnte sie stützen und beschützen.

Für sie da sein, versuchen ihre Angst zu lindern.

Er hatte sie schon zweimal im Stich gelassen.

Das erste Mal war er betäubt gewesen, das zweite Mal war sie einfach zur falschen Zeit am falschen Ort.

Ein drittes Mal würde er es nicht zulassen, dass ihr auch nur ein Haar gekrümmt wurde, von diesem Schwein.

Der Kampf in der Mühle hatte ihn fast das Leben gekostet, es hatte keine Rolle gespielt.

Er würde sein Leben jederzeit wieder für sie aufs Spiel setzen und bis zum letzten Blutstropfen in seinem Körper kämpfen.

Sie saß mit bebenden Schultern vor ihm, bemühte sich nicht laut zu weinen.

Er packte sie mit einem Ruck und zog sie an sich.

Sie kletterte auf seinen Schoß und machte sich klein.

Mit zitternden Händen wickelte er das Handtuch von ihrem Kopf und strich das feuchte Haar aus ihrem Gesicht.

Liebevoll nahm er ihr Kinn in seine Hand und schaute in ihre Augen, noch immer liefen Tränen daraus.

Er küsste sie weg, dann zog er sie ganz dicht an sich, schnürte ihr regelrecht den Atem ab.

„Wir schaffen das, ich bin da. Wir finden dieses Schwein. Keine Angst. Ich werde es nicht zulassen, dass er dir noch einmal so nah kommt!“

# Kapitel 2 … Der Gott des Blutes …

Sein Kiefer war gut verheilt, auch die Wunde in der Schulter war verschlossen.

Es war ein glatter Durchschuss gewesen, er hatte viel Blut verloren und alles nur notdürftig verbinden können.

Sie hatten ihn gejagt wie ein wildes Tier, mit Hunden und einem Helikopter.

Eine ganze uniformierte Einheit hatte den Wald und das Gebiet um die alte Mühle nach ihm durchkämmt, aber er war auf der Hut gewesen.

Hatte sie alle an der Nase herumgeführt.

Innerlich krümmte er sich vor Lachen, dumm, wie dumm sie doch waren.

Er hatte sich gar nicht im Wald zwischen den Bäumen versteckt, sondern sich das Flussufer im seichten Wasser herunter gekämpft.

Das Schilf am Ufer deckte ihn, die Hunde hatten am Wasser seine Spur nicht verfolgen können.

Bei Tagesanbruch war er an einer verlassenen Kleingartenanlage flussabwärts entlanggekommen.

Das würde seine Rettung sein.

Er hatte sich einen Garten herausgesucht, der gepflegt wirkte. Die ganze Anlage war zu dieser Jahreszeit verlassen und leer.

Man erkannte es an dem Wildwachstum der Pflanzen.

In der Hütte hatte er alles gefunden was er benötigte, einen Verbandskasten und jede Menge saubere Kleidung.

Er konnte sich waschen und etwas ausruhen, zu essen fand er in den Schränken, etwas altes Brot und Würstchen aus der Dose.

Er streckte sich auf dem schmalen Bett aus und entspannte ein wenig.

Der Blutverlust hatte ihn geschwächt und seine Flucht war eine zusätzliche Anstrengung für seinen verletzten, wunden Körper.

Die Wut und der Hass, der in ihm gebrodelt hatten, waren verflogen. Er hatte sie beide getötet.

Unmengen von Blut waren um ihn herum gewesen, als er zu sich gekommen war.

Tiefste Befriedigung war in ihm hochgekrochen, endlich war es vollbracht. Kein Schatten mehr auf seiner Seele, endlich war er die Nummer eins.

Es gab nur noch ihn …

Sie hatten beide tot, in sich zusammengesunken neben ihm gelegen.

Bleich und ausgeblutet, wie zwei Schweine auf der Schlachtbank.

Er hatte sich leider am Anblick seines Kunstwerkes nicht lange weiden können, hatte seine Verfolger näherkommen gespürt.

Das Gebell der Hunde, war nicht zu überhören gewesen. Er bekam jetzt noch eine Gänsehaut, wenn er daran zurückdachte. Es war nicht einfach gewesen zu flüchten, geschwächt und blutend.

Aber er hatte es geschafft, wusste nicht mehr wie.

Das Glück war einmal auf seiner Seite …

In der Gartenlaube hatte er die Blutung stoppen können und sich sorgfältig verbunden, nachdem er die Wunde mit Wodka gereinigt hatte.

Alkohol war genug da gewesen in der Laube, dann hatte er sich den Ofen in der Nacht angemacht und mal richtig ausgeschlafen.

Im Traum war er wieder im Blutrausch, schmeckte und fühlte das rote, warme Blut.

Sein Schwanz war hart als er wach wurde und er war so aufgegeilt, dass er sich einen runterholen musste.

Was war nur mit ihm los?

Warum übte Blut so eine Anziehungskraft auf ihn aus, warum geilte ihn Gewalt dermaßen auf?

Durch den Schlaf hatte sein Verstand sich erholt, war zurück an die Oberfläche gelangt.

Der Wahnsinn hielt ihn nicht mehr umfangen. Schlafmangel, Kokain und die falsche Frau an seiner Seite hatten seine schlimmsten Eigenschaften ans Tageslicht gebracht, nun wollte er überlegter handeln.

Er musste aus dieser Situation heraus gelangen, das wusste er, sonst würden sie ihn fangen und einsperren. Wenn diese Lust auf Blut ihn bloß loslassen würde.

Es war wie ein Rausch für ihn gewesen, so etwas hatte er noch nie gespürt.

Lust und Befriedigung in einem Atemzug.

Aufgegeilt wie nie hatte er sich gefühlt, der Anblick des roten Stroms aus ihrem aufgeschlitzten Bauch …

Er hätte das Messer tiefer in sie hineinstoßen sollen, in das weiche Fleisch.

Ausbluten lassen wollte er sie, sein ehemaliger Freund sollte zuschauen, das wäre ein Spaß geworden.

Aber dieses Arschloch mit der Waffe hatte ihm alles versaut.

Das Arschloch, war der Anwalt seines Freundes, er selbst hatte ihn zu spät erkannt.

Den würde er als nächstes kalt machen, die Sau sollte

sterben.

Mit einem Beschützer war sein ehemaliger bester Freund aus Kindertagen aufgetaucht, hatte sich feige von jemand anders verteidigen lassen.

Was ein Weichei, hatte er sich gedacht.

Der Kampf war hart gewesen, aber er konnte einstecken, das hatte ihm noch nie etwas ausgemacht.

In all den Jahren, hatte er nur eingesteckt, immer wieder den Kürzeren gezogen.

Nun war seine Rache grausam gewesen, zwei auf einen Streich hatte er getötet.

Und er war befriedigt und glücklich, keine Reue, kein Schamgefühl.

Das war es, was er gewollt hatte, seit Wochen.

Seit ihm die dumme Kuh eingeflüstert hatte, dass er Besseres verdient habe.

Drei Tage und zwei Nächte ruhte er sich in der Gartenanlage aus, dann wurde es ihm zu gefährlich und er zog weiter.

Er musste sich eine Waffe besorgen, hatte noch genug Bargeld bei sich, um sich ein billiges Motel zu nehmen. Und dann?

Er musste den Anwalt finden und seine Aufgabe erledigen, töten, Blut und Leiden …

Er war fremd in dieser Stadt. 150 km von zu Hause entfernt, aber er wusste sich zu helfen.

Im Bahnhofsviertel bekam er alles was er sich ersehnte, eine Waffe war schnell besorgt …

Es war eine Walther P99, eine gestohlene Dienstwaffe der Polizei.

Die Seriennummer war herausgefeilt worden, er kicherte, welche Ironie.

Dieselbe Waffe hatte er in den Händen des Anwalts aufblitzen sehen, jetzt würde er mit so einer Waffe von seiner Hand sterben.

Aber er selbst sollte geduldig sein, die Gefahr war groß, dass man ihn erwischen würde.

Er musste sich erst einmal hier in der billigen Absteige verkriechen und ein paar Tage ausharren.

Das Zimmer war spartanisch eingerichtet, aber sauber.

Niemand hatte nach seinem Namen oder einem Ausweis gefragt.

Auch wie lange er bleiben wollte, hatte niemanden interessiert.

Er zahlte die Miete für einen Monat im Voraus.

Dann war er losgezogen und hatte sich in dem chinesischen Laden an der Ecke zwei billige, schwarze Kapuzenjacken besorgt.

Sein Gesicht sah im Moment noch scheiße aus und er wollte keine schlafenden Hunde wecken.

Am Imbiss unten hatte er sich was zu essen organisiert, im Zimmer schaltete er den Fernseher an und nahm die Zeitungen vom Tisch.

Sie waren mehrere Tage alt.

Während er die heiße Pizza runterschlang, blätterte er desinteressiert durch die Seiten der Tageszeitung.

Sein Blick blieb auf einem Bild der alten Mühle haften. Er musste husten, verschluckte sich an dem trockenen Teig und würgte.

Mit tränenden Augen versuchte er die Buchstaben zu entziffern, sie verschwammen auf dem grauen Papier.

Das Bild war über einem Artikel, es waren nur ein paar Zeilen.

Er warf den Rest Pizza in die Schachtel und las den kurzen Bericht.

„Paar nach ungeklärtem Überfall in alter Mühle aufgefunden. Mysteriöse Ereignisse, schwere Schussverletzungen. Raub ist ausgeschlossen.

Persönliche Rache wahrscheinlich.

Beide erholen sich von ihren Verletzungen in der Uniklinik.

Nach dem Täter wird gefahndet, die Polizei tappt im Dunklen!“

Der Bericht drehte sich vor seinen Augen, das war doch nicht möglich.

Hatte sein ehemals bester Freund neun Leben wie eine Katze?

Zwei Kugeln hatte er ihm verpasst, das konnte nicht sein. Diese Drecksau hatte überlebt, mitsamt seiner Schlampe, die er der Länge nach aufgeschlitzt hatte.

Wie war das möglich?

Eine Kugel war doch in seine Brust gegangen, er versuchte sich zu erinnern.

Da seine Augen vom Kampf zugeschwollen waren damals, konnte er nicht gut sehen, war sich aber sicher gewesen auf sein Herz gezielt zu haben.

Das war bevor der Anwalt ihn selbst ausgeschaltet hatte, mit einer Kugel von hinten in den Rücken.

Als nach seiner Ohnmacht alles ruhig um ihn herum war, hatte er die Augen aufgemacht und in das totenbleiche Gesicht seines Feindes geschaut.

Ja, er war von einem Freund zum Feind geworden.

Seine Verachtung und sein Hass für seinen ehemals besten Freund, ließen ihn fast Ersticken.

Und nun lebte er noch, mitsamt seinem Flittchen.

Er nahm die leere Flasche Bier vom Tisch und warf sie mit einem Aufschrei der Wut, mit unmenschlicher Kraft gegen die Wand.

Seine Züge waren hassverzerrt und seine Hände zu Fäusten geballt.

„Das werdet ihr mir alle büßen!“

Er hatte eine sehr unruhige Nacht, er schwitzte das Bettzeug durch und wurde immer wieder wach.

Sein Kopf dröhnte und der innerliche Hass brannte in seiner Seele. Warum?

Warum hatte er es nicht geschafft, er war der festen Überzeugung gewesen, beide getötet zu haben.

Zum Glück erlebte die dumme Kuh das nicht mehr mit, er wünschte sie zum Teufel.

Sie hatte die ganze Gewalt in ihm hervorgeholt.

Nun konnte er nicht mehr aufhören, die Tore in den Abgrund hatten sich geöffnet.

Jetzt musste er es erneut versuchen, er würde keine Ruhe finden vorher.

Aber sie würden ihn suchen, er musste aufpassen.

Er beschloss sich ein Auto zu besorgen.

Unauffällig, billig, aber gut genug, um zu schauen was die beiden jetzt so mit ihrem Leben anfangen würden.

Er musste Zeit verstreichen lassen und planen.

Planen, bevor er erneut zuschlagen würde.

Glücklicherweise hatte er vor der Entführung seine Konten leergeräumt, auf denen noch 20.000 Euro verfügbar gewesen waren.

Das letzte Geld, sein Notgroschen, die Bank war hoffnungslos überreizt.

Egal, so konnte er erst einmal ein paar Wochen untertauchen und in Ruhe Überlegungen anstellen, wie es weiter gehen sollte, für ihn selbst.

Ohne die dumme Kuh im Nacken, war in seinen Augen alles einfacher.

Die innere Unruhe wollte nicht verschwinden, er würde sich morgen nicht nur ein Auto besorgen, sondern auch ein bisschen Koks.

Langsam musste er runterkommen und klarer werden.

Seine Träume in den Griff kriegen, wieder lernen sich zu beherrschen.

Auf dem schmuddeligen Bett liegend, hing er seinen Gedanken nach.

Endlich, nachdem ihn die Müdigkeit übermannte, fiel er in einen traumlosen Schlaf bis zum Morgengrauen.

Er wachte früh auf und vertrödelte im Zimmer den Tag. Die Wunde heilte gut.

Er brauchte kein Verbandsmaterial mehr, die Kruste war dick und es fing schon an zu jucken.

Als er gegen Abend das Motel verlies, ging er zu Fuß zu einem nahe gelegenen Autohändler.

Er hatte sich über das Prepaidhandy mit einem Mann verabredet, der einen schwarzen Seat verkaufen wollte.

Die Unterhaltung war undeutlich gewesen, das Deutsch des Verkäufers mangelhaft.

Aber er würde den Wagen ohne große Fragen bekommen, mit abgelaufenen Kennzeichen.

Das war ihm egal, er hatte nicht vor, sich von der Streife anhalten zu lassen.

Er brauchte unbedingt einen fahrbaren Untersatz, Bus und Bahn waren unter diesen Umständen nicht eine Überlegung wert.

Sein Gesicht war zu demoliert, man würde ihn angaffen, er würde zu sehr auffallen.

Die Kapuze tief ins Gesicht gezogen sah er aus, wie ein Boxer, der im Kampf lädiert worden war.

Das würde er auch bei unangenehmen Fragen, egal von welcher Seite, als Ausrede angeben.

Als er am verabredeten Ort ankam, wartete der Verkäufer schon auf ihn.

Der Wagen hatte diverse Schäden und Beulen, war aber unauffällig und billig.

Das entschied letzten Endes das Geschäft.

Per Handschlag erledigten sie die Formalitäten, nichts Schriftliches. Geld gegen Fahrzeug.

Der dunkelhäutige Verkäufer schien ganz erleichtert darüber zu sein und grinste glücklich, als er die Summe in Empfang nahm.

Obwohl er den Verkäufer um fast die Hälfte des Preises gedrückt hatte, schien der zufrieden zu sein, hatte es auch eilig zu verschwinden.

Das kam ihm selbst ganz gelegen, er wollte ja keine Gesellschaft.

Er stieg ein, startete den Motor und gab Gas.

Der Wagen war gut, fuhr auch gar nicht schlecht. Bestimmt gestohlen, dachte er bei sich.

Scheiß drauf, endlich war er wieder mobil.

Wenn er ruhig und entspannt fuhr, würde alles glatt gehen.

Er durfte nur keine Aufmerksamkeit auf sich ziehen.

Er parkte den Wagen ein ganzes Stück vor dem Bahnhofsviertel der Stadt.

In jeder Großstadt das gleiche, dachte er bei sich.

Am Bahnhof fand man alles.

Drogen, Waffen, Nutten und den unteren Abschaum der Gesellschaft.

Er besorgte sich ein Jagdmesser, bei den Gassenhändlern, wo er schon die Walther, erworben hatte.

Im fahlen Mondlicht glitzerte die Klinge faszinierend und er befestigte das Lederholster des Messers, mit den Klettbändern an seiner Wade.

Er fühlte sich sicher im Umgang mit Waffen, hatte auch die P99 hinten in seinem Hosenbund.

Lange genug war er Sportschütze gewesen,

Ihm sollte bloß keiner dumm kommen, alle hatten ihn unterschätzt, immer.

Die Zeiten waren ein für alle Male vorbei.

Seinen Gedanken nachhängend schlenderte er durch die dunklen Straßen und merkte nicht, dass er am Autostrich entlang ging.

In den dunklen Treppenaufgängen der Häuser, lungerten einige Frauen, jeglichen Alters herum.

Hier war wenig zu hören, mal ein Auto, oder eine leise Stimme.

Dunkelheit, einige Laternen, die meisten waren defekt. Nasser Dunst waberte über den Asphalt der schwarzen

Gasse. Alles hallte gespenstisch zwischen den Mauern der abbruchreifen Häuser wider.

Seine Sohlen machten schmatzende Geräusche auf dem nassen Pflaster.

Er war in seine eigene Welt versunken, Ränke schmiedend, setzte er langsam seinen Weg fort.

Erst als eine Hure aus dem Lichtkegel auf seine dunkle Gestalt zu glitt, wurde er aufmerksam.

Sie war hübsch, jung, stark geschminkt.

Für seinen Geschmack schon zu viel Kleister auf der Haut, lasziv klimperte sie mit ihren falschen Wimpern und versuchte in sein Gesicht zu sehen.

Er hielt sich im dunklen Schatten der Hauswand und senkte seinen Kopf.

Sie sollte seine Züge nicht sehen. Die Hände in den Taschen, musterte er ihre schlanken Beine in den Fesselriemchensandaletten und leckte sich die Lippen.

Sie trug eine schwarze Mütze, man konnte keine Haare sehen, ihr enges Kleid unter dem offenen Kunstfellmantel zeigte ihm, dass sie kleine, feste Titten hatte.

Sie war sein Beuteschema.

Er spürte, wie sich in seinem Schritt etwas regte, warum nicht?

Ein wenig Entspannung konnte er gebrauchen und ein langer Fick war eine willkommene Abwechslung.

Danach würde er auch besser schlafen können.

Er grabschte ihr an den Hintern und zog sie an sich.

Sie war erschrocken, als sie sein zerschlagenes Gesicht sah. Mit rauer Stimme sagte er:

„Berufsunfall, ich bin Boxer! Der Kampf war hart, du solltest den anderen sehen!“

Sein Körperbau sprach dafür, groß und breit.

Er versuchte ein freches Grinsen, was ihm misslang.

Seine Anstrengung nicht zu lispeln war groß, ihm fehlten nun mal die oberen Schneidezähne.

Die Erklärung schien sie zu befriedigen und sie lächelte süßlich und seufzte.

„Süßer, ich werde dich für einen Hunderter all deine Schmerzen vergessen lassen. Wenn ich mit dir fertig bin, wirst du nur noch an deine Candy denken!“

Candy, so hieß sie augenscheinlich, spitzte ihren glänzend, pink geschminkten Mund und griff in seinen Schritt.

Sie juchzte auf, als sie die Größe in seiner Hose fühlte.

„Da hast du aber Glück Cherie, Candy weiß, was man damit anstellt!“

Sie leckte seinen Hals entlang und raunte in sein Ohr: „Komm mit, Candy hat ein nettes Zimmerchen gleich um die Ecke!“

Er grinste sie schmutzig an, und fasste ihr an den Hals.

„Dann lass uns mal gehen, Candy. Zeig dem Boxer was du so drauf hast!“

Während sie die Gasse entlang aufreizend vor ihm her stöckelte, erinnerte er sich an einen anderen Bahnhof, eine andere Nacht, eine andere Gasse.

Der Mond schien blass und ihre Pfennigabsätze hallten auf dem Pflaster.

Diese Mal war es ein kleines Haus, der Eingang dunkel, auch fast abbruchreif, aber der Raum, den er betrat, war sauber und wirkte wie ein Kleinmädchenzimmer.

Halbdunkel, aber nicht ungepflegt.

Candy schlüpfte aus ihrem Mantel und warf ihn achtlos auf den Stuhl.

Sie trat näher an ihn heran und öffnete den Reißverschluss seiner Jacke.
Sein Oberkörper wies etliche Blutergüsse auf, die gebrochenen Rippen schmerzten manchmal noch, aber man sah ihm an das er durchtrainiert war.
Sanft strich sie über seine Brust, er hatte zum Glück die Schusswunde vorne und hinten mit Pflaster abgedeckt.
Sie fragte nicht, zog ihm die Jacke aus. Der angebrochene Arm behinderte ihn manchmal, aber mit Schmerzen konnte er umgehen, hatte in vielen Jahren gelernt, seinen Körper zeitweise zu ignorieren,
Sein Griff war fest als er ihr die Jacke abnahm und mit einer Hand seine Pistole in die Jackentasche schob.
Sorgfältig legte er alles auf den Stuhl, sie hatte nichts bemerkt, fummelte weiter an seinem Oberkörper herum.
Er hatte eine Latte, und sie griff wieder in seinen Schritt.
Sein Stöhnen war kehlig und sie zog ihr winziges Kleidchen hoch.
Jetzt konnte er sehen, dass sie keinen Slip trug und drängte sie in Richtung Bett.
Sie setzte sich breitbeinig auf die weiche Matratze schob ihren Unterleib vor, so dass er ihren nackten Schoß sehen konnte und schaute ihn erwartungsvoll an.
Mit einem Griff hatte er seine Hose unten, wollte sich auf sie legen.
„Candy macht das für dich. Alles an dem Boxer ist groß, leg dich hin!“
Er legte sich auf den Rücken, sie setzte sich langsam auf ihn und zog das Oberteil ihres Kleides herunter.
Brutal grapschte er an ihre Brüste.
Sie lachte. „Langsam, Candy mag es sanfter!“

Jetzt ging sie ihm auf den Sack, mit ihrem in der dritten Person Gelaber.

Er wollte ficken und keine Unterhaltung mit ihr.

„Halts Maul!“, schnauzte er sie an.

Sie wirkte verunsichert, nahm ihre Mütze ab.

Lange, blonde Locken fielen auf ihre Schultern herab und glänzten im Dämmerlicht der kleinen Lampe.

Silbrig schimmernd umgab ihr Haar das kleine Gesicht, wie ein Heiligenschein …

Madonna … Hure …

Sofort sah er die Schlampe des Feindes vor seinem inneren Auge.

Er fühlte sich zurückversetzt in die Mühle.

Diese hellen Haare … Unschuld im Blick … Madonna und Hure in einem … Hass und Wut …

Volltreffer!

Er griff in die weichen Haare und sein Verstand setzte aus.

Sie beugte sich zu ihm herunter, wollte ihm in die Augen sehen.

Es war zu spät, sein Gehirn war abgeschaltet.

Das Tier in ihm, kam aus dem Tor des Verstandes verzehrenden Feuers, heraus.

Seine dunkle Seite gewann die Oberhand.

Er zog sein Bein an und hatte das Jagdmesser aus der Lederhalterung zwischen seinen Fingern.

Es lag gut in der Hand, aus den Augenwinkeln sah er das Funkeln der geriffelten Stahlklinge …

Sie bewegte sich langsam auf ihm und hatte die Augen geschlossen, stöhnte leise.

Er war so hart, das er dachte sein Schwanz müsste platzen. Erregt wie nie zuvor in seinem Leben griff er in die seidigen Haare, zog ihren Kopf ruckartig in den Nacken.

Im Bruchteil von Sekunden, glitt das scharfe Messer durch ihre Kehle.

Es gab ein leises, zischendes Geräusch, wie durch Butter schnitt die Klinge.

Candy machte noch einen letzten gurgelnden Atemzug.

Das Blut schoss aus ihrem Hals auf ihn hinunter.

Heiß … Rot … Das Leben wich aus ihren angstvoll aufgerissenen Augen.

Der Atem des Todes fuhr durch ihren Körper.

Er wollte es sehen, es pulsierte spritzend aus ihrer Halsschlagader auf seinen Oberkörper.

Während ihr Laib erschlaffte, hatte er den Höhepunkt seines Lebens.

Er stöhnte, das Gefühl eines Vulkanausbruchs, zog sich von seinen Lenden bis in die letzte Windung seines Gehirns.

Die Beine verkrampften sich und er schloss ekstatisch die Augen.

Sie lag auf ihm und blutete regelrecht aus, er stöhnte und wand sich in ihrem warmen Blut.

So etwas Geiles hatte er noch nie gefühlt.

Der Geruch des roten Lebenssaftes um ihn herum, füllte den ganzen Raum.

Fünf Minuten lang kostete er jede Sekunde aus, darin zu baden.

Sein Schwanz in ihr wurde gar nicht schlaff, er konnte nicht weg, wollte nicht weg.

Weiter hier zu liegen, die Wärme, ihren schlaffen Körper,

dem er den Atem des Todes eingehaucht hatte, trieben ihn in einen Abgrund der totalen Ekstase …

Gleichzeitig führte es ihn in die Hölle und an den Rand des Wahnsinns.

Irgendwann, nach mehreren Minuten, stieß er ihren Leib von sich und stand auf.

Er konnte im Spiegel an der Wand seinen Oberkörper sehen.

Stolz blickte er auf das schon eintrocknende Blut.

Zum Teufel, er hatte es getan, er hatte eine Kehle aufgeschlitzt. Blut bedeckte seinen kompletten Oberkörper und seinen Hals.

Sein Gesicht war vollgespritzt, wie eine groteske Maske des Todes wirkten die Spritzer und Tropfen.

Er hatte ein Leben beendet, dem Tod in die Augen gesehen …

Das Gefühl war wie damals, als Junge, wenn er Tiere gequält hatte.

Befreiend, befriedigend …

Nur war damals keine sexuelle Komponente im Spiel gewesen …

Jetzt war zu der Lust am Töten noch etwas dazu gekommen …

Etwas, was den Reiz beträchtlich erhöht hatte, so ein Abgang war ihm noch nie vergönnt gewesen.

Das Zucken in seinen Lenden hatte kein Ende nehmen wollen.

Es führte ihn an den Abgrund des Wahnsinns, als er das Gefühl hatte, er würde durchdrehen, war endlich die Erleichterung eingetreten.

Er betrachtete sein Gesicht im Spiegel, das Flackern in seinen Augen, das teuflische Lächeln auf den Lippen …

Er war ein Narzisst, wie er im Bilderbuch stand, ein Teufel in Menschengestalt.

Kalt blickte er auf den Leichnam hinter sich, wen interessierte sie schon.

Eine Nutte mehr oder weniger.

Aber sie hatte Recht gehabt.

Er würde immer an seine Candy denken.

Die Erste in seiner Reihe, die Erste, an der er seinen Blutdurst gestillt hatte.

Die Macht des Todes zu fühlen, er würde es wieder tun, ohne zu zögern.

Die Euphorie, die er spürte, war mit nichts in seinem bisherigen Leben zu vergleichen.

Das Glücksgefühl, das ihn durchströmte, war unbeschreiblich.

Er hatte Macht, er konnte Töten, wann immer er wollte, ohne Reue, er war Gott …

Der Gott des Blutes …

Nachdem er geduscht hatte, zog er seine Jacke über, steckte die Waffe ein und verließ das kleine Zimmer.

Er drehte sich in der Tür noch einmal um, dann ging er langsam zurück und zog einen Hunderter aus seiner Hosentasche.

Den Geldschein faltete er sorgfältig der Länge nach zusammen und klemmte ihn in den langen Schnitt in ihrem Hals.

Dabei summte er ein Lied.

Die Euphorie hatte nachgelassen und wich einem Gefühl der tiefsten Zufriedenheit.

Er brauchte kein Koks, das hier war seine Droge.

Sanft strich er noch einmal durch ihre seidigen blonden Locken.

Ein Lächeln umspielte seine Lippen, als er flüsterte:

„Bye Candy, ich werde immer an dich denken!

Du wirst immer der Anfang für mich sein, meine Nummer 1!“

Dann schloss er leise die Tür hinter sich.

Leichten Schrittes ging er zu seinem schwarzen Seat, er würde ins Motel fahren und schlafen.

Er war müde, fühlte sich durch den starken Adrenalinrausch geschwächt.

Seine Schussverletzung schmerzte und die gebrochenen Rippen machten ihm zu schaffen.

Einfach nur tief und traumlos schlafen.

Das war es, was er nun brauchte.

In seinem Motel-Zimmer angelangt, zog er sich aus und warf sich ermüdet auf das Bett.

Es dauerte keine Minute und er schlief ein.

Sein Schlaf war tief und traumlos und er erwachte am nächsten Morgen mit einem Gefühl der Glückseligkeit.

Von den Ereignissen der gestrigen Nacht, konnte er noch lange zehren.

Er lehnte sich entspannt in die Kissen zurück und spielte mit dem Jagdmesser, betrachtete die glitzerige Klinge von allen Seiten, im Licht der aufgehenden Sonne.

In seinem Kopf durchlebte er mit geschlossenen Lidern

noch einmal den Augenblick.

Die Stelle, wo ihr heißes Blut in einem Schwall auf seinen Körper herunterspritzte …

Dieses Gefühl war unbeschreiblich, hatte ihn sich lebendig, kraftvoll und stark, seinen eigenen Körper mit jeder Faser fühlen lassen.

Jeder Nerv, jeder Muskel war gespannt gewesen.

Zum Zerreißen gespannt …

Dann die Erlösung …

Er seufzte auf, fantastisch, aber nun war es vorbei, es folgte die Ernüchterung.

Schon wieder überfiel ihn diese Unruhe und Nervosität, dieses Hämmern und Dröhnen in seinem Kopf …

Wenn er seine Augen schloss, sah er die Farbe Rot …

Nicht nachdenken, instinktiv einfach nur handeln …

Heute wollte er in die Heimat fahren, mal an der Feindesfront nach dem Rechten schauen.

Er fühlte sich kribbelig, aufgeregt und angespannt.

Schließlich musste er noch etwas erledigen, er musste eine Aufgabe erfüllen.

Eine Aufgabe, die er sich selbst gestellt hatte.

Es würde nicht einfach werden für ihn, das wusste er.

Gerade das, machte es so reizvoll …

# Kapitel 3 … Der Schatten …

Nachdem der Anwalt beim SEK einen Kleinwagen erhalten hatte, fuhr er wieder in den Stadtteil wo die Beiden in ihrer kleinen Wohnung versuchten, etwas Ruhe zu finden.

Mit seinen Gedanken war er bei den Geschehnissen der letzten Wochen.

Niemand hatte voraussehen können, dass sich die Ereignisse so zuspitzten.

Eine einfache Trennung und ein Auseinanderleben in der Ehe, hatten zu fatalem Hass und Zerstörungseifer geführt.

Manchmal fragte er sich, was in der Welt sich so verändert hatte, dass Neid und Habgier über Leben und Tod entschied.

Aber seltsamerweise waren das die ältesten und stärksten Motive der Weltgeschichte.

Dagegen stand die Liebe, das Leben, die Selbstlosigkeit und Hilfsbereitschaft.

Leider alles Tugenden, die nicht mehr so oft praktiziert wurden, dachte er seufzend.

In der Mitte seines Lebens hatte er feststellen müssen, dass die Liebe, die wichtigste Motivation im Leben ist.

Es war auch eins der stärksten Motive, es zwang einen weiterzuleben, trieb einen voran.

Wenn dieses Gefühl erloschen war und die Enttäuschung darüber in Wut umschlug, konnte dadurch fataler Schaden entstehen.

Die Ereignisse um seinen Freund herum, zeugten in der letzten Zeit davon.

Doch die beiden hatten sich gefunden und waren bereit,

alles gemeinsam durchzustehen.

Darum beneidete er seinen Freund, schenkte ihm aber auch sein größtes Wohlwollen, er war ein Mensch der anderen immer nur das Beste und Schönste im Leben wünschte.

So wie er selbst auch.

Sein innigster Wunsch war es jetzt den Übeltäter zu finden, der vor nichts mehr zurückschreckte und jegliche natürliche Hemmschwelle zur Gewalt längst überschritten hatte.

Was ließ einen Menschen sich so verändern?

Seiner Erfahrung nach, waren bei diesen Tätern die Ursachen in einer extremen Kindheit zu suchen.

„Ich hatte eine schlechte Kindheit", die Standartbeteuerung vor dem Richter.

Er kannte das zu Genüge, die Geschworenen fielen auch immer wieder darauf hinein.

In einem ruhigen Gespräch mit seinem Freund hatte er versucht, etwas über die Hintergründe von ihm zu erfahren.

Aber der hatte ihm immer wieder beteuert, dass die beiden Jungen eine unbeschwerte Kindheit- und Jugendzeit genossen hatten.

Aber der Täter, wie er ihn für sich nannte, war immer der ewige Zweite gewesen.

Das hatte er aus den Erzählungen herausgehört.

Dieses Gefühl war augenscheinlich der Grundstein zu Neid, Hass und Selbstzweifel.

Wir alle wollen irgendwann auf der Siegertreppe im Leben stehen, er lächelte sich selbst im Rückspiegel zu.

Diese Gefühlsregung kannte er sehr gut, auch gepaart mit Selbstzweifel.

Jeder Mann wollte im Leben etwas erschaffen, wollte Stolz auf sich selbst sein, suchte nach Anerkennung, egal welcher Art sie war.

Hier war die Wurzel allen Übels zu suchen und zu finden.

Die daraus resultierende Brutalität hatte sich angestaut, ein Ventil zur Entladung gesucht.

Dann artete es aus und wurde zu einer Art Lawine, die einmal ins Rollen gebracht, nicht mehr zu stoppen war.

Vor dem Haus angekommen, suchte er sich einen Parkplatz, von dem aus er die Eingangstür im Blick hatte.

Er steckte sich ein kleines Hörgerät mit empfindlichem Mikro ins Ohr, um so, schnell und leise telefonieren zu können.

Die Digitalanzeige im Armaturenbrett zeigte 20 Uhr am Abend und die Dunkelheit hüllte die Straße in gespenstische Stille.

Es würde eine lange Nacht werden, gegen 2 Uhr in der Frühe, sollte er für ein paar Stunden abgelöst werden.

Ein bisschen Schlaf musste er sich zwischendurch holen, sonst konnte er die Überwachung, nicht lange durchhalten.

Sein Gesicht wirkte jetzt schon fahl und ausgelaugt, man sah die Strapazen der letzten Wochen.

Er lehnte sich im Sitz zurück und zündete sich eine Zigarette an.

Seit dieser ganzen beschissenen Geschichte hatte er doch tatsächlich wieder angefangen zu rauchen.

Ein Laster, das er seit der frühsten Jugend der Fitness wegen aufgegeben hatte.

Nun brauchte er wieder etwas, was ihm ab und zu den Genuss der Beruhigung seiner Nerven verschaffte.

Im Moment hatte er das Ganze noch gut im Griff, an manchen Tagen rauchte er gar nicht.

Kaffee und Zigaretten waren die Grundnahrungsmittel der Sonderermittler in den verschiedenen Spezialeinheiten der Polizei.

Er grinste in sich hinein, na wenigstens würde er wieder ein paar Pfund verlieren, sein immer vorhandenes Sixpack, hatte ein Röllchen bekommen, das konnte er nun wieder loswerden.

Er strich sich das wellige, hellbraune Haar aus der Stirn und schälte sich aus seiner Jacke.

Es würde dauern, aber sein Gefühl sagte ihm, dass schon bald etwas passieren musste …

Als er in der Nacht abgelöst wurde, war er erleichtert.

Sein Rücken und seine Beine taten weh, bei seiner Größe von 1,98m, war der Kleinwagen einfach nur unbequem.

Sehnsucht nach seinem Bett und sich endlich lang auszustrecken, überfiel ihn.

Dazu kam das Gefühl der inneren Leere, er vermisste

seine Gefährtin und musste sich immer wieder selbst ermahnen ihr nicht zu schreiben oder anzurufen.

Er nickte den Kollegen, die einparkten zu, startete den Motor und fuhr langsam aus der Einbahnstraße.

Es war ruhig gewesen, nichts Auffälliges war in den sechs Stunden seiner Beschattung vorgekommen.

Zuhause angekommen, ließ er sich sofort ins Bett fallen, nur die Schuhe zog er aus und legte seine Waffen neben sich auf den Nachtisch.

Er löschte das Licht und fiel sofort in einen unruhigen Schlaf, der von wirren Träumen begleitet war.

Sein Unterbewusstsein sagte ihm, dass bald etwas

Schlimmes in seiner näheren Umgebung stattfinden würde …

Die Gier auf Blut hielt ihn fest umfangen.

Sobald er die Farbe Rot sah, schaltete sich eine Synapse in seinem Gehirn um und er hatte das Gefühl, er musste jetzt sofort Blut fließen sehen.

Auf der Fahrt in seine Heimatstadt hielt er mehrmals an, weil seine Hände so heftig zitterten.

Was wäre, wenn er dem allen ein schnelles Ende bereiten würde?

Die Waffe steckte in seinem Hosenbund, er konnte in ein Waldstück fahren und sich die P99 an die Schläfe halten und abdrücken.

Dann wären auch die ständigen Gefühlsschwankungen und der innere Zorn, der ihn fast auffraß, endlich vorbei.

Das musste die gleiche Krankheit sein, die seinen Vater angetrieben hatte, man nannte es bipolare Störung.

Er fühlte sich manchmal so euphorisch und stark, eine halbe Stunde später schlugen seine Gefühle in Selbstzweifel, Hass und Einsamkeit um.

Immer heftiger empfand er die Wechsel seines geistigen Zustandes.

Er brauchte Kokain, das hatte ihm bisher immer geholfen.

Die Sensibilisierung der Sinne, die dann stattfand, gönnte ihm zu vergessen.

Nach ein bis zwei Lines ging es ihm gewöhnlich für einen Tag gut.

Es war nicht mehr weit, aber er konnte dort nicht zum Bahnhof in seiner Heimat.

Das Bahnhofsviertel in der benachbarten Stadt, war bes-

ser geeignet.
Zuviel Risiko, dass nach ihm gesucht wurde, nachdem er beim letzten Mal die Nutte zusammengeschlagen hatte.
Er musste einen kühlen Kopf bewahren.
Die Nachbarstadt bot Sicherheit, dort kannte man ihn nicht und suchte mit Sicherheit nicht mach ihm.

Er parkte den Wagen an der Fußgängerzone.
Ein Stück konnte er laufen, das war in der Dunkelheit beruhigend.
Leere Straßen, kaum Menschen unterwegs.
Sein Atem hinterließ kleine Wolken in der Luft, es war kalt und der Mond war hinter dickem Dunst nicht zu sehen.
Bei der eisigen Nacht war im Rotlichtviertel nicht viel los, nur ein paar Dealer und Huren, die an den Häuserwänden entlang herumlungerten.
Sofort dachte er an Candy, die süße, unschuldige Candy.
Seine erst große Liebe, sie hatte ihm etwas geschenkt, was keine Frau ihm je zuvor gegeben hatte.
„Love is more than just a kiss!“, schoss es durch seine Gedanken.
Er hatte Lust auf Koks und Lust zu ficken, aber er musste auf die Haarfarbe achtgeben.
So schnell hintereinander, würde es an Besonderheit verlieren, dann bräuchte er es hinterher täglich und das konnte nur ein böses Ende nehmen.
Das Kokain war schnell gekauft, er schlenderte Richtung Bahnhofseingang.
Sein Gang war federnd und er strahlte durch seine Körpergröße Selbstsicherheit aus.

Hinten ganz am Ende der Gasse sah er sie stehen, ein roter Lackmantel leuchtete ihn von weitem an.

Ihr Haar war schwarz und kurz, das würde gehen.

Der rote Mantel gab ihm die Illusion von Blut, glänzte im matten Licht der wenigen Laternen.

Als er näher kam konnte er sehen, dass sie schon älter war, aber nicht völlig verbraucht.

Ganz dicht ging er an sie heran und blickte starr auf den roten Mantel.

Sie roch nach billigem Parfüm, immerhin besser als nach Schweiß, dachte er bei sich.

„Wie heißt du? Wieviel, jetzt gleich hier von hinten!"

Sein Tonfall war gehetzt und leise.

Sie hatte eine piepsige Stimme, die so gar nicht zu ihr passte.

„Roxane, meine Freunde nennen mich Roxy!"

Dabei drehte sie sich um und stützte die Hände an der Hauswand ab.

Er sah das als Aufforderung an und schob den roten Mantel nach oben, der kurze elastische Rock ging nur bis über ihren Hintern.

Er öffnete seine Hose und blickte starr auf das leuchtende Rot.

Mit geschlossenen Augen tastete er über ihren Arsch.

Mit einem Ruck steckte er ihr seinen großen Schwanz von hinten rein.

Scharf zog sie den Atem ein und gab einen kleinen Kiekser von sich.

Seine Hände legten sich um ihren Hals und er leckte genüsslich über das glatte, blutrote Lackgewebe.

Erneut machte er die Augen zu und dachte an Candy.

Es war schnell vorbei, er hatte ihre Hitze im Schoß gespürt, war nach dem gestrigen Blutbad aufgeheizt.

Keine zwei Minuten und er spritzte auf dem roten Lack ab.

Keuchend lockerte er seine Hände um ihren Hals.

Niemand hatte in der einsamen Gasse bemerkt was vor sich ging.

Mit einem Griff in seine Hosentasche zog er einen

Hunderter raus und als sie sich umdrehte, reichte er ihr den Schein.

Sie lächelte dankbar und nahm aus ihrer Manteltasche eine Visitenkarte, die sie ihm in seine Jacke schob.

Mit den Worten: „Falls du Roxy nochmal brauchst, ruf an!“, drehte sie sich um und verschwand in einem der dunklen Hauseingänge.

Jetzt fühlte er sich entspannt, schlenderte gelassen zu seinem Wagen zurück.

Im Auto schnupfte er etwas von dem weißen Pulver aus der Tüte. Es war guter Stoff.

Mit dem Ärmel wischte er sich die Nase ab und startete den Motor.

Ein Gefühl der Freiheit und Sorglosigkeit überfiel ihn, nun musste er aufpassen, dass er nicht unüberlegt handelte.

Der Stadtteil, in dem die Schlampe ihre Wohnung hatte, lag gute zehn Minuten entfernt vom Bahnhof.

Die Gasse kannte er noch, schließlich hatte er ihr schon einmal aufgelauert, um sie dann zu Entführen.

Der Plan damals war nicht aufgegangen, da er sich im dunklen sicher gewesen war, den Feind vor Augen zu haben.

Seinen ehemaligen Freund …

Aber, sie war es gewesen …

Nur nicht nachdenken über sein Versagen in der Vergangenheit …

Das durfte sich auf keinen Fall wiederholen, er würde nun ruhiger und besonnener handeln.

Es war kein Verkehr um Mitternacht, nach acht Minuten war er in einer Nebenstraße der Adresse, fuhr auf einen großen Supermarktparkplatz.

Parkte den Wagen in der hintersten Ecke.

Den Rest des Weges würde er zu Fuß gehen.

Er überquerte die Fahrbahn langsam und kniff die Augen zusammen, um besser sehen zu können in der Dunkelheit.

Als er an der Ecke der Einbahnstraße angelangt war, blieb er stehen.

Überblickte die Häuserzeile und lehnte sich an einen Baum.

Sein Schatten war lang auf dem Asphalt des Bürgersteiges, der Wind ließ Blätter vor seinen Füßen tanzen.

Vor dem Haus parkte ein dunkler Kleinwagen, aus dessen Fenster Qualm drang.

Die Glut einer Zigarette war in regelmäßigen Abständen zu sehen.

Sein Grinsen war schmierig und er leckte sich über die Lippen, zog die Kapuze tiefer in die Stirn.

Sie hatten Schutz, das Haus wurde beobachtet, da in dem Wagen saß mit Sicherheit ein Beamter oder auch zwei, die das Haus im Auge behielten.

Für wie dumm hielten sie ihn?

Ähnliches hatte er sich schon gedacht, ganz blöd war er ja nicht.

Er rieb seine kalten Hände aneinander und drehte sich um, schob seine Fäuste in die Hosentaschen.

Die Zeit würde für ihn arbeiten, ewig konnten sie nicht beobachtet werden.

Das würde seinem ehemals besten Freund nicht gefallen, so gut kannte er ihn, um das mit Hundertprozentiger Sicherheit sagen zu können.

Das würde dem Arschloch gewaltig auf die Nerven gehen, seine Selbstsicherheit und Arroganz waren grenzenlos.

Bei Tageslicht würde er wieder herkommen, schauen wer die beiden beschützte …

Er hatte alle Zeit der Welt für seine Rache …

Im Inneren des Hauses, lagen die beiden im Bett.

Der erste heftige Streit …

Das erste Mal, dass sie ihm die Stirn geboten hatte, sie war wütend und in ihrem Kopf rasten die Gedanken.

Was hatte er sich dabei gedacht, sie anzulügen?

Auch sein Freund, der Anwalt, warum hatten sie ihr nicht die Wahrheit gesagt?

Dass dieser Wahnsinnige noch lebte …

Sie war kein zartes Pflänzchen, das man beschützen musste, sie konnte gut und gerne ihren eigenen Weg im Leben bestreiten, brauchte keinen Aufpasser.

Zornig drehte sie sich im Bett herum, lauschte in die Dunkelheit hinein. Schlief er?

Seine Atemzüge waren unregelmäßig, nicht so als ob er in der Welt der Träume weilte.

Wortlos waren sie ins Bett gegangen, hatten das Licht gelöscht. Kein Gutenachtkuss, keine Umarmung.

War das der Anfang vom Ende?

Würden sie die ganzen Geschehnisse entzweien?

War die Liebe nicht tief genug, um das Ganze unbeschadet zu überstehen?

Die Vergangenheit hatte auch eher einem Albtraum geglichen, nichts wo man ruhig hätte schlafen können.

Es sah auch nicht danach aus, als wenn die Situation sich in nächster Zeit entspannen würde.

Zweifel kamen in ihr hoch. Tiefe Zweifel quälten ihre Seele.

Er empfand mit Sicherheit nicht annähernd so viel für sie, wie sie für ihn.

Dessen, war sie sich immer sicherer.

Unruhig warf sie sich hin und her, stand schließlich leise auf und schlich sich aus dem Schlafzimmer, fast geräuschlos schloss sie die Tür.

Vielleicht half eine Tasse heiße Milch mit Honig?

Nur mit einem Hemdchen bekleidet ging sie in die Küche.

Nahm eine Tasse aus dem Schrank und öffnete die Kühlschranktür.

Mit einem in ihren Ohren lauten Rauschen, floss die kalte Milch in die Tasse.

Der Honig aus dem Glas klebte am Löffel.

Sie hätte die Milch erst in der Mikrowelle erhitzen sollen. Wie dumm, schalt sie sich.

Dann stellte sie die Tasse auf den Drehteller der Mikrowelle und schaltete sie ein.

Das Summen des Geräts dröhnte durch die Küche.

In der Nacht verstärkten sich die normalen Geräusche und hörten sich doppelt so laut an.

Sie fröstelte, als das Piepen ertönte.

Die Milch war heiß …

Jetzt löste sich der Honig am Löffel sofort und sie rührte gedankenverloren in der Tasse herum.

Sie schloss ihre kalten Hände um das heiße Gefäß und ging zum Wohnzimmerfenster.

Dunkel erkannte sie die Silhouetten der Möbelstücke, dann blieb sie am Fenster stehen und starrte in die Dunkelheit hinaus auf die Straße.

Liebte er sie so sehr, wie sie ihn?

Hatte sie sich die ganze Zeit etwas vorgemacht, war ihr Wunsch, der Vater der Gedanken?

Hier in diesem Moment, fühlte sie sich allein, der einsamste Mensch auf dieser großen, weiten Welt.

Sie nippte an der Milch, genoss den sahnigen, süßen Geschmack im Mund, der Trost spendete.

Ihre Augen füllten sich mit Tränen, das Chaos um sie herum war so groß, niemals hatte sie gedacht das so viel Unglück und Brutalität in ihr Leben treten würden.

Mit ihm waren so viele Zweifel in ihre Welt gekommen, so viel Unsicherheit und Angst, Angst vor einer unberechenbaren Zukunft.

Was tun, wie sollte sie weitermachen?

Eine Gänsehaut überzog plötzlich ihren Körper und ihre Gedanken schweiften ab …

Blicklos starrte sie in die Dunkelheit, spürte die Tränen nicht die über ihr Gesicht liefen …

Er lag wach neben ihr, fühlte ihre Wärme, hätte sie gern in seine Arme gezogen.

Ihr gesagt, wie sehr er sie liebte, dass nichts sie jemals

entzweien würde.

Alle Geschehnisse würden sie noch stärker verbinden, er war sich sicher, dass sie beide alles schaffen konnten.

Aber er fühlte ihren Zorn, ihre Wut und Enttäuschung, ihre Angst war für ihn fast greifbar.

Wie sollte er jetzt für ihre Sicherheit garantieren, nichts und niemand wusste, was der Irre, den er einmal seinen besten Freund genannt hatte, als nächstes tun würde.

Das Schweigen zwischen ihnen als Paar, bedrückte ihn, ließ ihn nicht schlafen.

Sie wälzte sich unruhig in den Laken neben ihm, machte aber auch keine Anstalten ihn zu berühren.

Vielleicht sollte er warten, bis sie sich beruhigte.

Es war ihr erster richtiger Streit, so wütend hatte er sie noch nie erlebt.

Ihre Augen hatten zornig gefunkelt und der Zorn war gegen ihn gerichtet gewesen.

Er war verwundert wie sehr ihn diese gegen ihn gerichtete Wut, geschmerzt hatte.

Bis in den letzten Winkel seines Herzens war der Schmerz fühlbar gewesen.

Sie hatte sich aus dem Zimmer geschlichen und er hörte leise Geräusche aus der Küche.

Seufzend schwang er seine langen Beine aus dem Bett und stand auf.

Er zog seine Shorts über und fuhr sich durchs Haar, leise öffnete er die Tür und sah sie im fahlen Mondlicht am Fenster stehen.

Die Kontur ihres Körpers zeichnete sich gegen den Rahmen ab, sie stand regungslos da und er konnte hören, wie sie gleichmäßig atmete.

Gott, wie sehr er sie liebte …

Er würde für sie durchs Feuer gehen, schon immer hatte er so empfunden, wenn sie in seiner Nähe war.

Die Erkenntnis darüber war viel zu spät in seinen Verstand gedrungen.

Viel zu viel Zeit hatte er verschwendet, jetzt würde er es nicht zulassen, sie würden das ganze durchstehen …

Sie brauchte ihn genauso, wie er sie zum Leben brauchte...

Mit drei großen Schritten war er bei ihr und schlang seine Arme von hinten um ihre Taille, presste sie an sich und vergrub sein Gesicht in ihren weichen Locken.

Tief atmete er ihren Duft ein und wünschte sich, sie nie wieder loslassen zu müssen.

Ihr Körper fühlte sich eiskalt an, aber so weich und so vertraut.

Sie war die Eine für ihn, wenn sie bei ihm war, wurde alles andere unwichtig in seinem Leben.

Sie schmiegte sich an ihn und er versuchte diesen Moment wegzuschließen, als einen Augenblick des vollkommenen Glücks.

Als sie sich zu ihm herumdrehte nahm er ihr Gesicht in seine Hände, fühlte die Tränen auf ihrer Haut.

Er nahm ihr die Tasse ab und stellte sie auf die Fensterbank.

Dann schaute er auf die dunklen Umrisse ihrer Haare.

„Es tut mir leid, ich hätte es dir sagen sollen, ich brauche dich, ich brauche uns, ich liebe dich! Es wird vorbei

gehen, irgendwann ist es ausgestanden! Dann ist es vorbei.

Bis dahin werden wir es aussitzen. Hätte ich jemals geahnt dass er so durchdreht, dann wäre alles anders gekommen.

Ich habe Schuldgefühle, ihm gegenüber.

Ich ließ ihn im Stich, habe nicht bemerkt, wie schlecht es ihm ging, nur meine eigenen Ziele verfolgt.

Die Schuld dir gegenüber, lässt mich nicht mehr schlafen, raubt mir in manchen Sekunden die Luft zum Atmen. Die Angst dich zu verlieren, kostet mich fast den Verstand!"

Sie hörte die Verzweiflung in seiner Stimme, spürte die Unsicherheit hinter seinen Worten.

Ihn, machte die ganze Situation genauso verletzlich wie sie selbst, wie sehr er litt, hatte sie verdrängt.

Es war sein ehemals bester Freund, dem er so viele Jahre bedingungslos vertraut hatte und seine eigene Ehefrau die ihn verraten hatten.

Wie sehr mussten ihn diese Ereignisse enttäuscht haben, wie tief sein Urvertrauen in die Welt und alles was er gelebt hatte, erschüttern?

Jetzt erst spürte sie, dass auch er Kraft und Mut brauchte, um weiterzuleben, sie brauchte, die ihm Trost und Vertrauen schenkte.

Sie schlang ihre Arme um seinen Hals und suchte mit den Lippen seinen Mund, seine Haut auf den Wangen war nass, auch er hatte geweint.

Die Worte waren ihm nicht leichtgefallen, das erkannte sie nun.

Seine Liebe zu ihr war nicht weniger als die Liebe, die sie für ihn empfand.

Ihre Stimme war leise als sie ihn ansah.

„Wir haben uns, das ist alles was zählt! Nur du machst mich glücklich, das ist alles was ich will!“

Gemeinsam gingen sie zurück ins Schlafzimmer, eng aneinander geschmiegt fanden sie den erholsamen Schlaf, der tief und traumlos war.

Am nächsten Morgen fühlte sie sich ausgeruht und ihr Zorn war verraucht.

Fest schlafend lag er neben ihr und sein Gesicht wirkte entspannt, die tiefe Sorgenfalte hatte sich vorübergehend geglättet.

Sie stütze sich auf ihren Arm auf und betrachtete das geliebte Gesicht.

Was auch immer es war was sie miteinander verband, es war da, seit frühster Jugend.

Er war die Liebe ihres Lebens und würde es immer bleiben, nichts konnte diese Tatsache ändern.

Der einzige Mann in all den Jahren der ihr immer vertraut hatte, sie für stärker hielt, als sie es selbst tat.

Der an sie glaubte und alles Unheil versuchte von ihr fernzuhalten.

Nun war es an ihr, ihm zu zeigen, wie Recht er damit hatte.

Als sie seine Stirn küsste, schlug er die Augen auf.

Noch immer machte ihr Herz einen Hüpfer, wenn sie in seine Augen blickte, die manchmal so tiefblau waren wie die Mitte eines Sees in den Bergen.

Ihre Beziehung hatte sich verändert, nun war ihre Verbindung nicht mehr nur die Lust, Liebe hatte sich hinzugesellt.

Sie konnte nur hoffen, dass es ewig hielt.

Gemeinsam, mit ihm an ihrer Seite den Stürmen des Lebens zu trotzen, das war es was sie sich immer gewünscht hatte. Hand in Hand würden sie alle Hürden meistern. Alles andere würde sich finden, den leichten Weg konnte jeder gehen.

Der Pfad, der vor ihnen lag, war steil und steinig, aber sie war bereit …

# Kapitel 4 … Bodyguard …

Das Wetter war umgeschlagen, innerhalb von einigen Tagen war es warm geworden und die Sonne lockte jeden Morgen aufs Neue.

Sie wollte endlich wieder etwas Normalität.

Zurück nach Hause, ans Wasser.

Der Anwalt, der jetzt zum Team einer Sondereinheit der Polizei gehörte, war nicht begeistert.

Er sollte für ihrer beider Schutz garantieren.

Sie hatte sich bei allen Entscheidungen bis jetzt herausgehalten.

Aber nun war es genug, sie wollte endlich heimkehren, zumal sie in den Immobilienanzeigen einige interessante

Atelierräume gefunden hatte, die sie sich anschauen wollte.

Beruflich musste es für sie weitergehen, sie wollte wieder ihre Unabhängigkeit zurück.

Sie hatte ihr Geschäft nicht verkauft, um das Geld auf der Bank liegen zu lassen.

Ihre Arbeit in der Galerie und die Fotografie hatten sie immer mit Freude erfüllt, das könnte sie auch, an einem anderen Ort wieder aufbauen.

Sie freute sich darauf.

Irgendwann musste Normalität einkehren und es wurde höchste Zeit dafür.

Vielleicht ließ er sie jetzt auch in Ruhe, vielleicht war der Irre wieder zu Verstand gekommen?

Wer wusste das schon, wer konnte voraussehen, wann und wie er wieder zuschlagen würde, wenn er es überhaupt nochmal tat.

Es waren alles nur Vermutungen und keine Tatsachen dahinter, sie wollte nicht mehr in ständiger Angst leben.

In den letzten Tagen hatte sie kaum die Wohnung verlassen, sie war es leid zu warten.

Worauf denn auch? Dass ein weiterer Anschlag auf sie beide als Paar stattfinden würde?

Wenn man nie in so einer Situation gewesen war, erahnte man nicht, wie sehr das eigentliche Leben davon eingeschränkt wurde.

Sie wollte in Ruhe und Frieden leben, endlich mal wieder etwas sorglos sein und nicht jede Handlung anmelden und hinterfragen lassen.

Sie setzte sich durch, ihr Gefühl sagte ihr das er auch hier wegmusste.

Körperlich fühlten sie sich beide wieder gut, die seelischen Narben brauchten Zeit, um zu verheilen.

Das würde aber im eigenen Zuhause besser funktionieren als in ihrer Wohnung, die ihr mittlerweile fremd geworden war.

Am frühen Vormittag fuhren sie los, die Autobahn war völlig überfüllt.

Doch die Vorfreude wieder am Wasser zu sein und die Naturgewalten hautnah zu erleben, machten sie euphorisch.

Als sie auf die Bundestrasse fuhren und den größten Teil der Strecke hinter sich hatten, hatte er auch ein entspanntes Lächeln in seinem Gesicht.

Sie hatte hart diskutieren müssen, mit ihm und auch seinem Freund, dem Anwalt.

Auch ihre Freundin hatte Einwände gehabt immer wieder, dagegengesprochen.

Aber diesmal hatte sie es geschafft, ihren Willen durch zusetzten.

Wenn er sie töten wollte, konnte er es überall tun.

Vielleicht waren sie so auch aus der Schusslinie, wer wusste das schon?

Wer wusste was in einem kranken Hirn vor sich ging.

Für morgen früh hatte sie gleich drei Besichtigungstermine abgesprochen und sie freute sich darauf.

Auch wollte sie einige Möbel erneuern in dem kleinen Haus, was umgebaut worden war.

Einmal waren sie erst nach dem Umbau dagewesen.

Es war ein Wochenende, ihre Freundin und sein Anwalt waren dort ein Liebespaar geworden.

Später, nach ihrer eigenen Entführung, herrschte zwischen den beiden Eiszeit.

Ihre Freundin wollte nicht mit ihr darüber reden.

Bei ihm stieß sie auch auf Granit.

Sie wusste nicht, ob der Anwalt ihm alles erzählt hatte, aber beiden Männern war kein Wort zu entlocken.

Nun denn, sie würde schon noch in Erfahrung bringen, was passiert war, damals.

Ihre Freundin war kreidebleich geworden als sie ihr erzählt hatte, dass sein Anwalt nun einer Spezialeinheit angehöre und zu ihrem Schutz abgestellt worden war.

Anscheinend hatte sie es nicht gewusst, und ihrer Reaktion nach, auch nicht für gut befunden.

Sie selbst war höchst erstaunt gewesen, dass er seine Kanzlei geschlossen hatte und sich dem SEK zuwandte.

Aber sie hatte gewusst, dass es früher schon sein Job gewesen war.

Ihre liebste Freundin traf das alles völlig unvorbereitet.

Wer wollte schon, dass sein Partner den Bodyguard spielen musste?

Sie hoffte dennoch inständig, dass die beiden erneut zueinander finden würden.

In ihren Augen waren sie ein schönes Paar und bis über beide Ohren verliebt ineinander gewesen.

Das konnten die beiden nicht einfach abstellen.

Die Hoffnung stirbt zuletzt, das war immer ihr eigenes Motto gewesen.

So hing sie ihren Gedanken nach, auf der mehrstündigen Fahrt.

Er fuhr entspannt, war aber auch sehr ruhig und in sich gekehrt.

Seine rechte Hand lag auf ihrem Schenkel, still und kühl.

Er wirkte grüblerisch und hing so wie sie, seinen Gedanken nach.

Auf dem letzten Stück hob er ihre Hand an seine Lippen und küsste ihr Handgelenk, lächelte sie an.

Seine Sorgenfalte war wieder da, tief und kummervoll.

Hinter ihnen waren zwei Fahrzeuge des SEK.

Manchmal fragte sie sich, wer das bezahlte.

Machte die Polizei immer so einen Aufstand, das glaubte sie nicht wirklich.

Wahrscheinlich hatten sie das dem Anwalt zu verdanken, der sich um sie beide sorgte.

Er war ein treuer Freund, der ihnen nur das Beste wünschte. Das wusste sie zu schätzen.

Sie mochte und respektierte ihn.

Er war kein Unterhaltungsgenie, aber er hatte diese ruhige, nüchterne Art, die man in Krisensituationen wie diesen, gut gebrauchen konnte.

Nun waren sie fast da, und ihre Freude wich einer kribbelnden Aufregung.

Endlich wieder da zu sein, wo sie sein wollte.

Das letzte Stück die Auffahrt hoch konnte sie es kaum mehr erwarten endlich auszusteigen.

Sie sprang aus dem Auto und endlich konnte sie wieder frei atmen und lachen.

Das Salz in der Luft, die Sonne auf ihrer Haut und im Ohr das Tosen der Brandung, erfüllte sie mit einem Glücksgefühl, das sonst nur er in ihr auszulösen vermochte. Endlich frei …

Die vier Männer, darunter der Anwalt, waren auch ausgestiegen und streckten ihre Beine aus.

Alle gleich groß und breit in den Schultern, dunkel gekleidet.

Sie musste grinsen, als sie alle vier einheitlich in ihre Richtung nickten.

Jetzt konnte nichts mehr schiefgegen, dachte sie.

Bei diesen Kleiderschränken wagte sich niemand mehr in ihre Nähe.

Er ging zu seinem Freund und seinen Kollegen hinüber und gab ihnen die Schlüssel.

Er wollte nur noch runter, über die Dünen zum Strand mit ihr spazieren.

Sollten sie im Haus schauen, ob alles seine Richtigkeit hatte.

Dann konnten sie anschließend beruhigt ihre Sachen auspacken. Er griff nach ihrer Hand und zog sie zum Strandweg.

Das letzte Stück zum Wasser hinunter liefen sie im Joggingtempo, ein Gefühl der Freiheit hatte sie beide eingefangen …

Hand in Hand und außer Atem gelangten sie an den Wasserrand, zogen Schuhe und Socken aus und spürten den Sand und die Wellen an den Füßen.

Im Wasser stehend, zog er sie in seine Arme und sah ihr in die Augen.

Der Kuss blendete alles um sie herum aus.

So wie es früher, vor den ganzen Ereignissen, gewesen war.

Alles andere war unwichtig, er spürte das Ziehen der Sehnsucht nach ihrem Körper in seinen Lenden.

Seit dem Streit vor ein paar Tagen, hatte er nicht gewagt ihr näher zu kommen.

Wollte sie nicht bedrängen, nichts zerstören, was sich langsam aufgebaut hatte.

Aber jetzt schrie alles in ihm danach, seine Gier auf sie zu stillen.

Ruhig Blut, mahnte er sich, wir sind leider nicht unter uns.

Aber heute Nacht werde ich dich quer durch das ganze Haus vögeln, so wie damals.

Er musste lächeln, bei dieser Erinnerung, es waren die intensiv erlebtesten Tage seines Lebens gewesen.

Nur die Lust hatte gezählt, er war so aufgeheizt damals, hatte jeden Zentimeter ihres Körpers erkunden wollen.

Und jetzt mit ihr hier, stellte er fest, dass die Intensität dieses Gefühls genauso heftig wie vor ein paar Monaten war.

Sie presste ihren Körper an seinen Unterleib und er spürte, dass sie genauso fühlte.

Er zog sie herunter in den feuchten Sand und wie zwei Kinder wälzten sie sich herum und lachten.

Als sie unter ihm lag, drückte er ihre Arme in den Sand, dann küsste er sie mit all der Gier und Leidenschaft, die er für sie empfand.

Schmeckte ihre Zunge, atmete ihren Geruch ein und seine Hände wanderten unter ihr Sweatshirt.

Sie stöhnte als sie seine sandigen, kühlen Finger auf ihrem

Körper spürte und ihre Brustspitzen wurden hart.

Seine Hand schob sich zwischen ihre Beine und fasste in ihren Schritt. Er wollte sie, am liebsten sofort …

Es fühlte sich an, als wenn sein Schwanz gleich platzen würde, aber er musste sich beherrschen.

Man konnte oben vom Haus aus, alles beobachten.

Seine Stimme flüsterte verheißungsvoll in ihr Ohr.

„Heut Nacht gehörst du mir. Nur mir, ich mache mit dir, was ich will!“

Der Anwalt stand oben am Dünenkamm und beobachtete die beiden, wie sie erst langsam schlenderten und dann den Rest des Weges zum Wasser hinunterrannten.

Seine Kollegen durchsuchten das Haus.

Sie hatten die Schuhe ausgezogen und standen jetzt im Wasser.

Er drehte sich kurz zum Haus um und schaute die Einfahrt entlang. Als er wieder zum Strand blickte, wälzten sie sich wie Kinder im Sand.

Der Wind trug ihr Lachen zu ihm, er spürte das Glück der beiden bis hier oben.

Er kam sich vor wie ein Spanner, als er das Fernglas aus der

Jacke zog und den Strand nach links und rechts absuchte.

Es war menschenleer, nur ein Paar Möwen waren zu sehen in der kleinen Bucht.

Er schaute durch das Fernglas und kam sich noch mehr vor, wie ein unliebsamer Zuschauer.

Sein Freund hatte die Hände unter ihrem Pullover, oh Gott.

Das wollte er nicht sehen, er vermisste seine Süße auch so schon genug.

Er ließ das Fernglas sinken und starrte auf den Horizont.

Heute Abend würde er ihr einen Gruß schicken, irgendwann mussten sie wieder miteinander reden.

Er vermisste sie schmerzlich.

Sie war völlig geschockt gewesen, als er ihr knapp am

Telefon berichtete, dass er zurück zur Einheit gegangen war.

Seine Betonung lag darauf, dass er es nur seinem Freund zuliebe getan habe.

Er wolle die beiden beschützen und dem ganzen Irrsinn endlich ein Ende setzten.

Sie hatte einfach aufgelegt, vier Stunden später hatte er eine Nachricht von ihr erhalten.

„Ich liebe Dich, gib mir Zeit mich an all das zu gewöhnen!“

Er hatte genauso knapp geantwortet:

„Ich liebe Dich, mehr als ich in Worte fassen kann!“

Das war vor drei Tagen gewesen, seitdem hatte er nichts mehr von ihr gehört.

Er hoffte, dass sich das alles klären ließe, wenn der Irre

weggesperrt oder tot war.

Dann konnte er sein normales Leben wieder aufnehmen und zur Tagesordnung übergehen.

Er spürte in seiner Magengegend, dass dieser Wahnsinn noch kein Ende hatte.

Und eins wusste er genau: In dieser Beziehung konnte er sich auf sein Bauchgefühl verlassen!

Das war in all den Jahren so gewesen, sowohl in seiner Arbeit beim SEK als auch im Gerichtssaal …

Er hatte beiden versucht auszureden, hierhin zu fahren.

Hatte ihnen erklärt, dass der Personenschutz hier wesentlich schwieriger war als in der Stadt, wo die Polizei schneller eingreifen konnte, um schlimmeres zu verhindern.

Aber sie war stur geblieben, seinen Freund könnte er noch umstimmen, sie nicht.

Also hatte er seinen ganzen Einfluss geltend gemacht, einige Gefallen eingefordert um noch drei Mann zugeteilt zu bekommen.

Man hatte noch immer keine Spur, keinen einzigen Hinweis auf den Täter.

Als wenn die Erde sich aufgetan hätte und ihn verschluckte.

Seltsam, aber er lauerte irgendwo im Hintergrund, das konnte er erahnen …

Die Frau, nahm er an, war tot …

Wahrscheinlich ertrunken, es tat ihm um die beiden Söhne leid, die glücklicherweise im Ausland studierten.

Beide waren in Australien, das war gut so …

Wenn diese Sache hier überstanden war, konnte sein Freund hinüberfliegen, um seinen Kindern beizustehen …

Aber erst einmal eine Sache nach der anderen …

Sie mussten sich konzentrieren, um allem hier gerecht zu werden. Es würde nicht einfach sein, das Areal war groß, in der Dunkelheit schlecht einzusehen.

Morgen wurde eine Alarmanlage installiert, seine drei Kollegen sicherten das Haus gerade mit mobilen Bewegungsmeldern.

Das reichte für die Nacht heute …

Er hob das Fernglas und blickte zum Strand, sie kamen Hand in Hand den Weg hoch, wirkten erhitzt und überglücklich.

Wenigstens die beiden haben kurze Momente des Glücks, dachte er traurig.

Seine Kollegen verzogen sich in den Van, als die beiden am Haus angelangt waren.

Der Anwalt ging mit ins Wohnzimmer, sie lief polternd die Treppe hoch ins Schlafzimmer.

Die Taschen standen schon hier oben, ein Lächeln überzog ihr Gesicht, sie waren also auch Kofferboys, die drei.

Sarkasmus war eigentlich nicht ihre Welt, sie beschützten das Haus und ihr Leben, sie sollte dankbar sein.

Nur keine Gedanken machen, sie zerrte ein leichtes Sommerkleid aus einem der Koffer und schlüpfte aus ihren Sachen.

Leise Stimmen, die beiden Männer unten in der Küche, sie unterhielten sich.

Das Wasser des Duschstrahls perlte auf ihrer Haut, sie fühlte das Kribbeln der Erregung im Bauch.

Sie vermisste ihn körperlich, der Streit vor ein paar Tagen hatte zwischen ihnen eine Barriere aufgebaut.

Diese galt es einzureißen, schnell seifte sie sich ein und spülte den Sand aus ihren Haaren.

Sie wollte zur Seebrücke am anderen Ende des kleinen Ortes, noch heute.

Für morgen war schlechteres Wetter angesagt worden, das hatte sie auf der Fahrt hierher im Radio vernommen.

Also, heute noch mal den lauen Abend und die Temperaturen nutzen.

Sie steckte locker die feuchten Haare hoch und zog das leichte Kleid über. Dann schlüpfte sie in ihre Turnschuhe, wo steckte er nur?

Sie sprang die Treppenstufen ins Erdgeschoß hinunter, da stand er vor ihr.

Seine Haare waren feucht und er zog gerade eine saubere Jeans an, seine Reisetaschen hatten sie nicht hochgetragen.

Sie lachte ihn an, er war hier unten duschen gewesen.

Er lächelte zurück und küsste ihren feuchten Scheitel.

„Du willst doch bestimmt zur Seebrücke? Ich kenne dich doch!“ Er schmunzelte.

„Ich habe das schon abgeklärt. Die zwei die hier bleiben können in der Zeit duschen und sich Kaffee kochen!“

Er war wieder vorausschauend und autoritär wie immer, jeder Situation gewachsen.

Das, was ihr imponierte und sie gleichzeitig rasend machte, aber sie kannte jetzt auch seine andere Seite.

Die Seite, die er nur ihr zeigte, nach außen stark und unverletzlich.

Sie freute sich auf den Wind an der Brücke, und das Wasser unter sich. Vielleicht ein Essen in einem der Bistros und ein gutes Glas Wein.

Als sie zum Porsche gingen, stieg der Anwalt mit einem Kollegen in den dunklen Audi, kurz konnte sie die Holster mit den Waffen sehen, da beide vor dem Haus ihre Jacken ausgezogen hatten.

Als sie aus der Tür gekommen war, warfen sie hastig die Trainingsjacken über.

Der Anblick hatte ihr gereicht, ein nervöser Schauer lief durch ihren Körper und die feinen Härchen an den Armen stellten sich auf.

Er fasste um ihren Nacken und ging wortlos ins Haus zurück. Kam mit ihrem Sweatshirt in der Hand wieder heraus.

Sie stiegen in den schwarzen 911er und er fuhr rückwärts die Auffahrt runter.

Der dunkle Audi wartete unten an der Straße und fuhr an.

Er nahm ihre Hand in seine, sah wie sie in

den Rückspiegel schaute.

„Alles gut? Wir gewöhnen uns schon noch daran.“

Sie bezweifelte das, mochte aber nun nicht darüber diskutieren.

Sie sollte dankbar sein, dass sein Freund so um ihrer beider Wohlergehen besorgt war.

Nach einer knappen viertel Stunde waren sie auf dem großen Parkplatz der Seebrücke angelangt.

Ein paar Autos parkten im vorderen Bereich, sicherlich Gäste der Restaurants und Bistros.

Die lange Brücke war menschenleer und verlassen.

Er griff nach ihrer Hand und zog sie an sich ran, wie kam es, dass er sie fast immer verstand?

Auch ohne große Worte.

Sie schlenderten über die Brücke, das tosende Meer unter sich, den Wind in den Haaren.

Die Abendsonne glitzerte rötlichgolden am Horizont und spiegelte sich auf dem Wasser.

Alles war wie in Gold getaucht.

Ihre beiden Beschützer waren am Anfang der Brücke seitlich des Geländers stehen geblieben, rauchten eine Zigarette.

Sie blendete die beiden aus.

Am Ende angelangt war eine Bank, der Wind zauste ihre hellblonden Locken.

Die Spange hatte sich gelöst und ihre Haare zwirbelten sich golden um das Gesicht.

Er setzte sich auf die Bank, sie stellte sich vor ihn beugte sich hinunter und küsste ihn, leidenschaftlich, gierig fordernd.

Seine Hand fasste unter das dünne Kleid, das der Wind hochblies und fühlte nackte, weiche Haut.

Leise stöhnend schloss er die Augen.

Sie blickte auf ihn hinunter und schob ihm ihren Unterleib entgegen.

Er war am Strand schon so aufgeheizt, aber unter den Augen seines Freundes am Fernglas, so nah brauchte er keine Zuschauer.

Jetzt waren die beiden weit weg, brauchten kein Fernglas auf der Brücke.

Sie waren mutterseelenallein, konnten tun was sie wollten.

Der Wind zerrte an ihrem Kleid und das Licht lies ihre Haut golden schimmernd aussehen.

Sie lächelte mit geschlossenen Augen und gab sich ganz

dem Spiel seiner fordernden Finger in ihrem heißen, feuchten Schoss hin.

Seine Fingerspitzen erzeugten eine Gänsehaut in ihrem Nacken.

Er konnte die Lust in ihrem Gesicht lesen.

Jetzt setzte sie die Knie breitbeinig von seinen Schenkeln auf der Bank auf, er rutschte etwas tiefer und schob den Rock hoch.

Fuhr sanft mit der Zunge durch das nasse Fleisch. Ihre Hände wühlten in seinem Haar und ihr Seufzen wurde lauter.

Sie schmeckte wie das Salz des Meeres.

Eine Hand umklammerte ihren Hintern mit der anderen knöpfte er seine Jeans auf.

Sein Schwanz würde gleich platzen, er wollte nur noch den Höhepunkt, egal wie.

Sie hatte das Kleid hochgeschoben und spielte mit ihren Brüsten.

Er konnte die harten, rosafarbenen Nippel sehen, wenn er hochschaute.

Jetzt war es vorbei mit seiner Fassung, er schubste sie von der Bank, zog sie mit einem Ruck hoch, und drückte ihren Oberkörper über das Brückengeländer.

Dann schob er den dünnen Stoff des Kleidchens beiseite und drang von hinten in sie ein.

Ihren Aufschrei nahm er kaum noch zur Kenntnis, er war gefangen in ihrer beider Lust.

Ihre Hitze trieb ihn zum Wahnsinn, geilte ihn immer wieder auf.

Er bewegte sich nicht mehr, wollte sie spüren, in ihr sein, das Gefühl ganz und gar auskosten.

Seine Hände schoben sich vorne unter ihr Kleid und umfassten ihre schweren Brüste.

Alles an ihr war weich, bereitete ihm unendliche Lust. Noch nicht … Er versuchte sich zu konzentrieren, aber sie wiegte rhythmisch ihre Hüften.

Er ließ los, ließ sich gehen, hörte ihr stöhnen und fühlte ihren zitternden Körper unter seinen Händen.

Jetzt …

Sein flüstern an ihrem Ohr klang heiser:

„Es wird eine lange, heiße Nacht!"

Die heftigste Lust war gestillt.

Sie streifte ihr Sweatshirt über, sie fing langsam an zu frieren.

Er zog sie hinunter auf seinen Schoß und umschlang sie mit seinen Armen.

Sie rieb zufrieden ihr Gesicht an seiner Halsbeuge und schloss die Augen.

Der Wind und das Rauschen des Wassers entführten sie in ihre eigene Welt.

Eine Welt in der sie sorgenfrei und glücklich waren

Sie war schläfrig, auch er verspürte Müdigkeit, die vergangenen Tage hatte er nicht viel Schlaf gefunden.

Eine ganze Weile saßen sie so, in ihre eigene Welt zurückgezogen.

Jetzt etwas essen und dann am Kamin den Abend ausklingen lassen, er bewegte sich seufzend.

Schaute in ihr Gesicht und küsste sanft ihren schönen Mund.

Wie sehr er sie doch liebte, das erkannte er immer wieder in solchen kurzen Momenten.

Momente in denen sie allein waren, in sich gekehrt,

Es war ein ruhiger, glücklicher Tag, den sie beide verbracht hatten und er spürte Dankbarkeit für die erlebten Stunden mit ihr.

Er zog sie hoch und legte den Arm um ihre Schultern, dann schlenderten sie Arm in Arm Richtung Promenade.

Das Wasser glitzert nun wie pures Silber und es war spürbar abgekühlt.

Die Sonne hatte jetzt ihre wärmende Wirkung in der Dämmerung verloren.

Die beiden Männer am Aufgang der Brücke machten einen unbeteiligten Gesichtsausdruck, es war ihm egal.

Sie waren alle erwachsen und Einzelheiten hatten sie wohl nur erahnen, nicht sehen können.

Seine Freude über jede intensiv gelebte Minute mit ihr, überraschte ihn immer wieder.

Aber so fühlte es sich an, wenn man dem Tod von der Klinge gesprungen war.

Das Leben dauerte nicht endlos, und wenn er eins gelernt hatte aus dieser Erfahrung, dann war es, dass man alles intensiver genießen sollte.

Dazu zählte was man erreicht hatte und was einem geschenkt wurde.

Sie war sein Geschenk … Er freute sich immer wieder es auspacken zu dürfen, er lächelte bei diesem Gedankengang.

Zu viert gingen sie in eins der Bistros und er spendierte ein Essen, das es in sich hatte.

Drei Gänge und sie hatten alle das Gefühl sich zum Abschluss des Abends aus dem Bistro rollen zu müssen.

Lachend gingen sie auf die Autos zu und die Heimfahrt

verlief ruhig und gelassen.

Am Haus war alles ruhig, im Kamin brannte schon ein Feuer.

Die beiden netten Jungs des SEK hatten vorgesorgt.

Sie tranken alle noch einen Kaffee zum Abschluss, dann öffnete er in der Küche eine Flasche Rotwein und die vier Männer der Einheit verließen leise das Haus.

Das Versprechen der heißen Nacht, hielt er nicht ein.

Sie waren müde und satt von zu vielem Essen.

Am Kamin auf dem Sofa schliefen beide nackt, eng umschlungen, unter einer Decke ein.

Ihre letzten Worte nach einem Kuss, waren:

„Aufgeschoben ist nicht aufgehoben!“

Dann glitt sie in Morpheus Arme und nur wenige Sekunden später, schlossen sich auch seine Lider.

Tiefer Schlaf hielt beide fest umfangen.

Beide ahnten in dieser Nacht nicht, wie sich die Ereignisse in den nächsten Tagen überschlagen würden …

Das Blatt wendete sich …

Der nächste Morgen war diesig und es nieselte.

Der Wind brauste um das kleine Haus und rüttelte an den Dachschindeln.

In aller Frühe hatte er sie geweckt, sie in die Decke gehüllt und verschlafen nach oben geschickt.

Der Alarmanlagen Service würde gleich in der Tür stehen.

Sie schlüpfte unter die Bettdecke und ihre Muskeln lockerten sich noch einmal.

Erst um 16 Uhr am Nachmittag hatte sie die Besichtigungstermine für die drei Ateliers vereinbart.

Noch genug Zeit, um zu dösen. Immer seltener wurden ihre Albträume, nur noch ab und zu schreckte sie aus dem Schlaf hoch, um festzustellen, dass sie in ihrem Bett lag, in seinen Armen.

Das alles nur ein böser Traum war, der Vergangenheit angehörte.

Sie war erstaunt wie schnell sich ihre Empfindungen über die Gräueltaten, sich in die hinterste Ecke ihres Gehirns zurückgezogen hatten.

Alles aus ihren Gedanken zu verbannen, war tatsächlich möglich.

Nur nicht an diese Stunden zurückdenken, dann war der normale Alltag da.

An manchem Tagen wurde es ihr zu viel, dann verkroch sie sich gern in irgendeine Ecke und das Einzige was sie dann sehen wollte, war sein Gesicht.

Nur er verstand sie, wenn sie nach dem Duschen oder Baden die lange Narbe eincremte, die ihr der Wahnsinnige in seiner Gier auf Blut zugefügt hatte.

Auch wenn sie seine Narben betrachtete, wurde ihr übel.

Fast hätte sie ihn verloren.

Es war ein knapper Kampf gewesen.

Aber sie hatten es geschafft, aus dieser Hölle heile herauszukommen.

Sie sahen das Gesicht des Teufels, ein Teufel in Menschengestalt.

Aber sie trotzten ihm, hatten alles gemeinsam überstanden.

Nun war es an der Zeit nach vorne zu schauen und weiter

zumachen, unabhängig von allen Widrigkeiten.

Es galt im Sturm des Lebens zu bestehen, jetzt waren sie zu zweit, da wurde es einfacher, zumindest für sie.

Seufzend stand sie auf, ging ins Badezimmer nebenan und drehte den Hahn für das Badewasser auf.

Unten konnte sie die Klingel hören, das musste die Sicherheitsfirma sein, die das Haus in eine Festung verwandeln wollten.

Sie glitt in das heiße Wasser und versuchte zu entspannen, sie hatte noch die Besichtigungen vor sich, freute sich auf das, was alles noch vor ihr lag, mit ihm gemeinsam.

# Kapitel 5 … Blutrote Rosen …

Die Sicherheitsfirma war gegen 15 Uhr fertig und verließ das Haus. Fast acht Stunden hatte der Einbau gedauert, obwohl alles über Funk lief.

Jedes Fenster, jede Tür war nun mit Bewegungsmeldern versehen.

Eine Kamera zur Auffahrt, eine im Garten und eine dritte die auf den Strandweg gerichtet war.

Alles mündete in seinem kleinen Büro, unten neben dem Wohnbereich.

Der Anwalt hatte die Installation persönlich überwacht, wollte nichts dem Zufall überlassen.

Als die Techniker das Haus verließen, machten sie sich auf den Weg zu ihren Besichtigungsterminen.

Aufgeregt und neugierig, so konnte man ihre Stimmung am besten benennen.

Sie fuhren zu dritt in dem schwarzen Audi des SEK zu den verschiedenen Objekten.

Der Rest des Teams machte sich einen freien Nachmittag, die Männer taten ihr leid.

Mit Sicherheit war das hier ein einfacher Job für die Truppe, aber Privatleben hatte man gar nicht.

Das erste Objekt war schon von außen nicht ansprechend, lag völlig abgelegen und einsam.

Aber die anderen beiden konnten sich sehen lassen.

Gefielen ihm auch gut, man musste sich jetzt das Für und Wider überlegen und abwägen, welches Atelier besser für ihre Bedürfnisse geeignet wäre.

Sie erbaten sich für beide eine paar Tage Bedenkzeit, nahmen sich die Unterlagen für die Mietverträge mit und wollten in Ruhe überlegen.

Sie hatte seinen Freund gebeten mitzukommen, einen Anwalt versuchte man nicht hinters Licht zu führen.

Sie stellte ihn als Fachanwalt vor, und lächelte über die Reaktion des Immobilienmaklers, der sich vor Freundlichkeit fast überschlug.

Es war schon nach 19 Uhr, als sie bei Nieselregen die Auffahrt zum Haus hochfuhren und hinter dem schwarzen 911er parkten.

Jetzt war sie müde, die Eindrücke des Tages hatten sie überfordert, er sah es in ihren Gesichtszügen.

Im oberen Stockwerk tauschte sie den Hosenanzug gegen bequemere Kleidung.

Der Anwalt stand im Garten und forderte noch einen

Kollegen für die Nacht an, sie sah den Rauch seiner Zigarette am Fenster.

Das SEK würde zu zweit heute Nacht hier sein.

Er hatte seinem Freund gesagt, sie sollten hier unten auf dem Sofa schlafen, im Auto vor der Tür, hielt keiner von beiden für notwendig.

Es klingelte an der Tür und sie nahm an es wäre der zweite Mann aus der Einheit.

Mit Shorts und T-Shirt bekleidet schlüpfte sie in ihre Flip-Flops und ging die Treppe herunter.

Sie summte gut gelaunt ein kleines Lied vor sich hin.

Der Tag war schön gewesen, es boten sich neue Perspektiven und die Aussicht hier ein neues Projekt zu beginnen.

Eine Galerie die ganz den Naturgewalten gewidmet sein sollte …

Feuer, Land, Wasser …

Vielleicht wäre das schon der passende Name.

In den letzten Tagen hatte sie das Gefühl gehabt, Gott hatte ihre Adresse wiedergefunden, ließ ihr doch noch ein bisschen Glück zukommen, half ihr das alles zu verarbeiten.

Sie wusste ihre Seele würde heilen, er war bei ihr, gemeinsam waren sie stark.

Keiner der Männer hatte die Klingel bis in den Garten gehört, sie öffnete leise die schwere Eichentür am Eingang.

Vor ihr stand ein Blumenbote in knallblauer Uniform.

Er übergab ihr den Strauß mit einem Nicken, ging die Auffahrt zurück zu seinem Lieferwagen.

Oh, hatte er sie überraschen wollen?

Rote Rosen, ein Zeichen seiner Liebe zu ihr?

Sie starrte verwirrt auf den riesigen Strauß blutroter Treibhausrosen.

Nicht genug, waren sie in eine rote Papiermanschette gewickelt und hatten eine rote Schleife!

Ihr Herz blieb für einen Moment stehen, ihre Beine wurden weich.

So einen schlechten Geschmack in Bezug auf Blumen, hatte er nicht.

Sie drehte sich um und ging unsicher in Richtung Küche.

Ihre Hände fingen an zu zittern, Angstschweiß bildete sich auf ihrer Haut.

Im Nacken stellten sich die Haare auf.

Der Mund war trocken und die Kehle wie zugeschnürt.

Verstört blickte sie dem Boten nach, schaute auf den Strauß und zog mit bebenden Fingern die Karte zwischen den Blüten heraus.

Es war eine Beileidskarte!!!

Die Schrift verschwamm vor ihren Augen.

Plötzlich bekam sie keine Luft mehr, das Atmen viel unendlich schwer.

Sie keuchte und ihr Herz krampfte sich schmerzhaft zusammen.

Die Narbe zwischen ihren Brüsten brannte wie Feuer,
sie spürte einen Stich bis in den Bauch hinein!

Die Rosen fielen zu Boden, und sie sah auf ihre zitternden Hände, versuchte die Schrift zu entziffern.

Alles wirbelte und drehte sich vor ihren Augen.

Tief sog sie die kalte Abendluft in ihre Lungenflügel und versuchte sich zu konzentrieren.

Am ganzen Körper standen die feinen Härchen hoch, eine böse Ahnung durchlief jeden Nerv ihres Gehirns …

Sie starrte auf die Buchstaben.

Ihrer beider Namen mit Geburtsdatum standen auf der schwarz gerahmten Karte, unter den Namen war jeweils ein großes Kreuz mit einem Fragezeichen dahinter.

Und in der Mitte nur ein Satz:

**Für die Nacht im Landhaus! Bald sehen wir uns wieder**

Sie ließ die steife Karte ruckartig los, dann öffnete sie die Tür, zog ihre Flip-Flops aus und rannte in die Auffahrt.

Alle Sinne waren ausgeschaltet, Angst bohrte sich in jeden Muskel. Er war hier, er wusste, wo sie waren.

Der Teufel war zurück und die Tore zur Hölle öffneten sich erneut vor ihnen …

Der Blumenbote stieg kopfschüttelnd in seinen Lieferwagen und dachte nur, wie verrückt manche Menschen auf Blumen reagierten. Dann fuhr er davon.

Es dämmerte schon, kopflos lief sie barfuß, gehetzt den Strandweg hinunter, fühlte weder den Wind noch den Regen auf ihrer Haut.

Panik war in jeder Faser ihres Körpers, die nackte Angst ließ sie fliehen wie ein in die Enge getriebenes Tier.

Sie war schon über die Düne gelaufen und rannte durch den weichen Sand hinunter zum Wasser …

Blind vor Tränen stürmte sie vorwärts.

Wäre sie erst am Wasser würde alles gut werden, das Meer würde ihre Angst fortspülen …

Dann wäre es endlich vorbei …

Die beiden Männer betraten lachend die Küche, es brannte Licht und ein scharfer Windstoß fegte durch den Raum. Die schwere Eingangstür stand weit offen.

In der Tür stand der zweite SEK Mann.

Sein Gesicht drückte Verwunderung aus.

„Warum steht die Tür sperrangelweit offen?“, blaffte er dem Anwalt zu.

Beide Männer sahen sich fragend an, auf dem Küchenboden lag ein riesiger Strauß blutroter Rosen, seitlich davon eine Beileidskarte.

Der Anwalt blickte seinen Freund an, der hob die Karte auf, seine Hand zitterte als er den Text las.

Er ließ die Karte auf den Boden fallen und war mit einem Satz auf die Treppe gesprungen.

Sie hörten ihn ihren Namen brüllen, er rannte schreiend

durch die oberen Räume.

Der Anwalt hob die Karte auf und erkannte mit einem Blick darauf die Situation.

„Die Außenkameras!“

Sie waren mit drei riesigen Schritten im Büro, riefen die Bilder der Sicherheitskameras ab.

Auf der dritten Einstellung sahen sie einen Schatten, blonde Locken, die im Wind wehten, …

Wie ein panikerfülltes Tier auf der Flucht …

Der Anwalt schrie den Namen seines Freundes ins obere Stockwerk.

„Sie ist zum Strand runter!“

Der zweite Mann der Einheit bellte Befehle in sein Telefon.

Der Anwalt hörte, wie er ein Boot der Küstenwache mit Suchscheinwerfer anforderte.

Sein Freund hatte die zehn Stufen mit zwei Hechtsprüngen nach unten genommen und war schon aus der Haustür, dicht gefolgt von dem Anwalt und seinem Kollegen.

In der Ferne konnte er schon Blaulicht sehen, Gott sei Dank, der Van des SEK kam schon die Auffahrt hochgeschossen, der Kies spritzte zur Seite, als das Fahrzeug abbremste.

Beide Kollegen sprangen aus den Türen.

Die Gesichter schienen blass in der Dunkelheit.

Zu fünft rannten sie durch den weichen Sand, ganz vorne sein Freund, der immer wieder panisch, angsterfüllt ihren Namen brüllte.

Es war dunkel am Strand, silbrig glänzte der Widerschein des Mondes über das Wasser.

Die Wolken rasten über den Himmel, der Regen fiel in

Bindfäden auf den Strand.

Der Wind kam von Norden und schnitt in die Haut.

Es war eiskalt …

Angst schnürte ihnen die Kehle zu, wie lange war es her, dass sie zum Strand gelaufen war?

Sie dachten alle das Gleiche, war sie sofort ins Wasser gegangen?

Sie hatten nicht auf den Time-Code der Kamera geschaut, in der Hektik war es völlig unwichtig gewesen.

Jetzt war es zu spät …

Es war rabenschwarz mittlerweile am Wasser, man sah kaum die Hand vor Augen.

Wo war sie?

Unter den Bedingungen würde es schwer werden, sie zu finden.

Angestrengt suchten vier Augenpaare das Ufer ab.

Immer wieder Rufe, dazwischen das Heulen des Windes.

Der Anwalt sah das Boot der Küstenwache zuerst, ruderte heftig mit den Armen, versuchte in den Lichtkegel zu laufen, bis ihn der Suchscheinwerfer erfasst hatte.

Er deutete auf den Strand, Gott sei Dank verstand der Mann am Scheinwerfer und leuchtete sofort den Wassersaum aus.

Gespenstisch langsam glitt der Lichtkegel über den sich brechenden Wellensaum, suchend …

Sein Freund stand am Wasser, zitterte am ganzen Körper, wirkte, als wenn er gleich zusammenbrechen würde.

Seine aschfahle Haut leuchtete im grellen Strahl des Scheinwerfers.

Nichts war zu sehen, das Wasser war hinter der Brandung

glatt …

Stille am Strand, nur das Schluchzen seines Freundes und die leichte Brandung war im Rauschen des Windes zu hören.

Dann der Aufschrei eines Beamten:

„Da vorne!“

Er hatte schon seine Schuhe aus und stürmte durch das knietiefe Wasser, sie saß zitternd in den Wellen.

Die Knie fest umschlungen, die Augen zusammengepresst, das Gesicht weiß wie Schnee.

Sein Freund war als erster bei ihr, fasste unter sie, hob sie hoch und trug sie aus dem Wasser.

Sie reagierte nicht, hing schlaff in seinen Armen.

Das Boot der Küstenwache drehte ab, einer der Beamten des SEK forderte telefonisch einen Notarzt an.

Seine laute Stimme hallte über das Wasser.

Vorsichtig ließ sein Freund den leblosen Körper auf den Strand gleiten.

Vier Augenpaare starten auf das wachsweiße Gesicht.

Sie lag im Sand, alle vier Männer um sie herum.

Sein Freund, selbst kreidebleich, hatte beide Arme um sie geschlungen.

Puls und Atmung waren flach, aber vorhanden, der Körper völlig unterkühlt.

„Wir müssen hoch zum Haus, es ist zu kalt hier im Wind.

Der Notarzt muss gleich da sein!“

Sie wechselten sich ab beim Tragen, die Strecke war lang und steil die Dünen hoch.

Über den weichen Sand, war der Weg schwieriger zu begehen im dunklen. Es kam den Männern vor, als wenn der schlaffe Körper immer mehr an Gewicht zunahm.

Am Haus angekommen, war sie noch immer bewusstlos. Eine leblose blasse Hülle.

Die Treppe hoch in das obere Stockwerk, sofort zündete der Anwalt im Schlafzimmerkamin ein Feuer an.

Sie waren alle durchnässt, tropften und froren.

Sein Freund zog ihr die nassen Sachen aus und legte sie unter die Bettdecke.

Holte mehrere Wolldecken aus dem Schrank und breitete sie über das Bett aus.

Mittlerweile hatte er auch bläuliche Lippen, zitterte vor Anstrengung und Kälte am ganzen Körper.

Dann zog er sich nackt aus und legte sich zu ihr.

Er umklammerte sie und versuchte etwas von seiner Körperwärme an sie abzugeben.

Seine Haut brannte, als wenn er in einem Eissee gelegen hatte, jeder Muskel schmerzte vor Kälte.

Sie fühlte sich so kalt und starr an, er dachte an die Zeit vor Wochen, als sie im Koma gelegen hatte.

Tränen brannten in seinen Augen, das durfte nicht sein.

Warum war ihnen nicht ein wenig Frieden vergönnt?

Wieviel Hass und Leid konnten sie beide noch
ertragen?

Wieviel Leid würde sie noch ertragen, bevor ihre Seele nicht mehr zurückfand in eine Welt ohne Gewalt und Schmerz, Hass und Angst?

Der Anwalt verließ leise das Zimmer, an der Tür drehte er sich nochmal um und sagte ruhig:

„Ich schicke den Notarzt hoch!“

Der Notarzt diagnostizierte einen Schock und starke Unterkühlung.

Nach zwei Spritzen und etlichen Erklärungen an ihn gerichtet, ging der Arzt die Stufen ins untere Geschoss hinunter.

Der Anwalt wartete am Treppenabsatz und blickte den Arzt fragend an.

„Ich weiß nicht was hier los ist, aber ein Klinikaufenthalt wäre eigentlich jetzt angebracht!"

Dabei schaute er vorwurfsvoll auf die vier in schwarz gekleideten breiten Gestalten vor ihm, die Waffenholster nebst den Waffen hingen tropfend am Treppenabsatz.

Sein Blick glitt forschend darüber.

„Ihr werdet schon wissen, was ihr zu tun habt!"

Mit einem kurzen Gruß verschwand der Notarzt durch die Haustür in der Dunkelheit, die Wagentür schlug zu.

Sie hörten Motorengeräusche, dann den Kies in der Auffahrt knirschen und schauten sich alle vier erschöpft an.

Der Ausgang dieses Tages hatte im völligen Chaos geendet …

# Kapitel 6 … Schmerz und Tod …

Als er in einer der Nebenstraßen geparkt hatte, ging er langsam auf die Häuserreihe zu, wo die Schlampe wohnte.

Vor dem Haus stand der 911er, ein dunkler Kombi und ein schwarzer Van. Es war vormittags, die Sonne leuchtete mild am azurblauen Himmel.

Vögel zwitscherten, dem Anschein nach, idyllischer Frieden.

Da kam das Arschloch, der Anwalt, aus der Tür.

Rucksack und Reisetasche schob er in den Kofferraum des BMWs, bevor er zügig ins Haus zurückging.

Er selbst spazierte zu dem Wohnblock auf der gegenüberliegenden Seite und tat so, als wenn er die Namenschilder im Eingangsbereich lesen würde.

Aus den Augenwinkeln beobachtete er das Treiben am Parkplatz.

Mit Koffern und Taschen, was hatten sie vor?

Er erinnerte sich vage an das Haus an der Küste.

Die dumme Kuh, die Frau seines ehemaligen Freundes, hatte ihm davon erzählt.

Sie wollten sich also aus dem Staub machen, sah dem feigen Schwein ähnlich.

Brachte sich und seine Schlampe in Sicherheit.

Und dieses Arschloch von Anwalt, wich nicht von seiner Seite.

Na warte, mein Freund, dich krieg ich auch noch …

Er ballte die Hände zu Fäusten und schluckte seine Wut hinunter.

Hielten sie ihn für dämlich?

Längst wusste er von dem Haus an der Küste,

war sogar schon einmal dagewesen, hatte genug gesehen.

Es war klar, dass sie es ihm nicht allzu einfach machen würden.

Aber für dumm verkaufen sollten sie ihn auch nicht.

Er konnte sich in liebevolle Erinnerung bringen, dachte er gehässig.

Würde der blonden Schlampe Blumen an die Adresse schicken, die hatte er noch im Kopf.

Das war etwas was sie nicht über ihn wussten, er hatte ein gutes Gedächtnis.

Solche Dinge konnte er sich merken, die speicherte er hinten in seinem Gehirn und bei Bedarf konnte man sie abrufen.

Er drehte sich um und schlenderte gemütlich zu seinem Wagen zurück.

Sollten sie sich doch ruhig in Sicherheit wiegen und denken sie hätten ihn ausgetrickst.

Er würde ihnen zeigen, mit wem sie es zu tun hatten.

Die Erkenntnis, dass sie ihn nicht abschüttelten, schlug dann mit gnadenloser Wucht zu.

Dann könnte er ihnen einen Besuch abstatten, der noch lange in Erinnerung bleiben würde.

Zufrieden grinste er tief in sich hinein.

Ja, das passte gut …

Blutrote Rosen mit einer netten Karte.

Vor sich hin kichernd, rutschte er auf den Fahrersitz.

Er startete den Motor, dann fiel sein Blick auf die Visitenkarte, am Sitz neben sich …

So viel Zeit, die er totschlagen musste, ihm war langweilig.

Roxy, das wäre was, so könnte er sich ein bisschen die

Freizeit vertreiben.

Diesmal würde er sich ein Hotelzimmer nehmen, dann könnte er mit Roxy ein bisschen länger Spaß haben.

Bevor er aus der Parklücke fuhr, nahm er sein Prepaidhandy in die Hand und schickte eine kurze Nachricht.

„Bahnhofshotel, Vorhalle 19 Uhr heute, trag was Rotes!“

Die Antwort kam prompt:

„Natürlich, mein Hübscher. Die Roxy ist pünktlich da!“

War das ihre Standardantwort?

Egal, er würde hinfahren und sich ein wenig ausruhen.

Den Mief in seiner Pension konnte er kaum noch ertragen, aber als erstes wollte er Blumen vorbestellen, er würde schon morgen in den Ort an der Küste fahren.

Aber die Blumen musste er sich schon übers Internet sichern.

Rote, langstielige Rosen bekam man nicht überall.

Am Bahnhof war ein Schreibwarenladen, da konnte er schon mal eine Karte kaufen.

Danach würde er es Roxy mal so richtig besorgen.

Frauen waren für ihn alles Schlampen, gut zu ficken, aber sonst zu nix zu gebrauchen.

Seine Mutter war nicht so gewesen, er dachte mit Wehmut an sie zurück.

Seine über alles geliebte Mama …

Er erinnerte sich an ihren Lavendelduft, als er ein kleiner Junge war und seinen Kopf immer in ihre Schürze gedrückt hatte …

Wie sie manchmal seine Tränen trocknete.

Aber immer waren harte Worte gefallen, um Liebe musste er betteln …

Und ihre weichen, blonden, langen Locken, wenn sie ihn in ihre Arme genommen hatte, auch daran dachte er …

Er wischte die Gedanken fort, für Sentimentalität war in seinem Leben kein Platz mehr.

Er wollte Rache, am liebsten an der ganzen Welt.

Als er um 17 Uhr in der Nachbarstadt ankam, parkte er den Wagen in einer Seitenstraße.

Dann mietete er sich eine der Suiten, er hatte noch genug Geld gebunkert, es kam nicht auf einen Hunderter mehr oder weniger an.

Jetzt war alles egal, er wollte keine Überlegungen anfangen, was wäre, wenn sein Geldvorrat endete …

Ein ausgedehntes Bad, dann gönnte er sich ein fast rohes Steak was der Zimmerservice ihm brachte.

Der Abendportier hatte ihn komisch angesehen, sein Gesicht war nun mal nicht vorzeigbar momentan.

Aber sein Boxer-Märchen zog, und wohl auch das üppige Trinkgeld.

Er hatte dem Opa einen Fünfziger über die Theke geschoben, mit den Worten, der Damenbesuch in Rot um 19 Uhr sei für ihn.

Der Opa hatte verständnissinnig gegrinst und gesagt, nach einem harten Kampf musste man sich Vergnügen gönnen.

Er hatte ihm zugezwinkert und geantwortet:

„Wir Männer verstehen uns!“

Dann nahm er die Schlüsselkarte entgegen, und war entspannt in die Suite gegangen.

Nicht der pure Luxus, aber besser als seine miefige Pension.

Nachdem er gegessen hatte, zog er seine Jeans über, das Messer befestigte er wieder an der rechten Wade.

Dann nahm er den kleinen Spiegel aus der Jacke und einen Geldschein.

Er hatte vom letzten Mal noch Koks, schüttete das weiße Pulver auf den kleinen Spiegel und schob sorgfältig mit der Schlüsselkarte zwei Linien auf der glatten Fläche zurecht.

Mit dem aufgerollten Geldschein sog er zügig eine Line pro Nasenloch ein.

Die restlichen Körnchen auf dem Spiegel nahm er mit der Kuppe seines Mittelfingers auf und rieb sie in die Innenseite seiner Oberlippe.

Dann legte er sich in das breite Bett und wartete auf die Wirkung der Droge.

Genüsslich ließ er seine schweren Augenlider zufallen und dachte an Candy, an den heißen Strom roten Blutes, der auf ihn spritzte.

Warm und lebendig …

Der Fluss des Lebens …

Mit geschlossenen Augen lag er da und erinnerte sich an seine erste große Liebe, namens Candy.

Sein Schwanz war hart und er wartete auf Roxy …

Jetzt war er bereit, geil und sensibilisiert vom Koks, hoffentlich würde sie den Mund halten.

Auf Rumgelaber hatte er keine Lust, ein guter, harter Fick und er war zufrieden.

Sie war nicht so schwatzhaft gewesen, hatte einen ruhigen Eindruck gemacht.

Das gefiel ihm.

Es war kurz vor 19 Uhr.

Zaghaft klopfte jemand an der Tür und er stand auf, um zu öffnen.

Roxy war da …

Sie trug den roten Mantel, der vorne offen war.

Das Lackmaterial glänzte im Dämmerlicht des Hotelflurs.

Ein ebenso rotes enges Kleid aus billiger Spitze war darunter, er sah viel nackte Haut.

Kein Slip, und 11 cm Absätze.

Er leckte sich die Lippen und zog sie am Arm herein.

Sie lachte als er die Tür zuknallte und sah seinen Ständer schon durch die Hose.

An der Brust stieß sie ihn in Richtung Bett.

Zog sich den Mantel über die Schultern, ließ ihn achtlos fallen.

Dann setzte sie sich auf das üppige Polster und öffnete seine Hose.

Zerrte das Kleid bis zum Bauch hoch, er sah, dass sie eine Blüte auf dem Venushügel tätowiert hatte.

Eine rote Rose, der Stiel wand sich um den Nabel, in dem ein Glitzerstein steckte.

Er lachte kehlig …

Das geilte ihn auf, ihre Rose würde nun mal Bekanntschaft mit seinem Prachtstück machen.

Rote, hohe Lackstiefel, die sie nun breitbeinig auf das Bett stellte.

Er glotzte auf ihre rasierte, feucht schimmernde Mitte.

So mochte er sie, wenig Titten, schön knochig und das wichtigste war:

Sie hielt das Maul …

Verstand ihn, mochte die Farbe Rot genauso wie er und

beschwerte sich über nichts.

Warum waren nicht alle Frauen so unkompliziert wie Roxy?

Er ließ sich auf sie fallen, kaum, dass er in ihr steckte, war es auch schon vorbei.

So schnell war es noch nie gegangen …

Seine Gedanken, die um Candy gekreist waren, hatten ihn aufgegeilt und die Droge hatte ihn empfindlich gemacht.

Übellaunig rollte er sich von ihr herunter, er wollte sie eigentlich genüsslich ficken, ihr wimmern und stöhnen hören.

Nun war es vorbei, frustriert setzte er sich auf.

Sie bemerkte seine Wut und hockte sich auf das Bett.

Fing an die Muskeln an seinem Rücken zu kneten.

Sie verstand ihn, wortlos massierte sie mit kräftigem Druck seine Schultern.

Wenn er seine Augen zu machte, sah er seine Mutter neben sich auf dem Bett sitzen.

Zurückversetzt in sein kleines, schmuddeliges Jungenzimmer im Haus seiner Eltern.

Alles war geflickt, reparierte Möbel, die Bettwäsche zerschlissen …

Er war zehn oder elf Jahre alt, hatte eine Sportverletzung aus der Schule.

Sie hatte ihn genauso hingebungsvoll massiert …

Roxy drückte ihn auf die Matratze und fasste in seinen Schritt.

Verwundert stellte er fest, dass sein Schwanz schon wieder hart war.

Sie schob sich über ihn und er sah in ihr verbrauchtes Gesicht, sie war wirklich keine Schönheit.

Im Moment aber konnte er es sich nicht leisten wählerisch zu sein, musste nehmen was kam, oder was er bezahlen konnte.

Sie lächelte und er fasste in ihr kurzes schwarzes Haar, wollte ihren Kopf in den Nacken ziehen.

Erstaunt blickte er auf seine Hand, in der ihre Haare waren. Die schwarze Perücke war heruntergerutscht …

Hellblonde Locken mit einem leichten Rotschimmer fielen auf ihre knochigen, bleichen Schultern.

Rote Spitze, blutrot …

Sein Herzschlag setzte einen Moment lang aus, Nebel machte sich in seinen Gedanken breit.

Es war, als wenn man in seinem Verstand einen Hebel umlegte, seine Gefühle schlugen um.

Hass und Wut kamen hoch, Wut auf Frauen, Schlampen, Huren, wie auch immer er sie nannte …

Er ließ die Perücke fallen, als wenn er sich die Finger verbrüht hätte.

Sie zuckte entschuldigend mit den Achseln, schob ihr Becken auf seinen knallharten Ständer.

Sein Blick war starr auf ihre hellen Haare gerichtet und er drehte sie blitzschnell mit einer Bewegung auf den Rücken.

Stieß sein Becken hart gegen ihres.

Ein Aufschrei als er noch tiefer in sie eindrang.

Das hatte er gerne, schrei du billige Hure …

Sofort war seine Hand auf ihrem Mund und erstickte ihren Schrei, sie sollte wimmern, aber nicht schreien …

Mit der anderen Hand drückte er ihre Kehle zu, er sah

ihre angstvoll aufgerissenen Augen.

Roch den Angstschweiß, jetzt hatte sie erkannt, was ihr blühen würde.

Nicht im vollen Ausmaß, aber den Vorgeschmack konnte er ihr gerne geben.

Der Verstand von ihm hatte schon ausgesetzt, während er seinen Schwanz hart in sie reinstieß.

Das Messer hatte schon in seiner Hand gelegen, kühl und glänzend, bereit sie zu töten …

„Du hättest mich nicht anlügen dürfen, ich hatte dich extra wegen der kurzen, schwarzen Haare ausgesucht!"

Er flüsterte in ihr Ohr, fühlte wie seine Erregung sich ins Unermessliche steigerte, sein Puls raste und das eigene Blut rauschte durch seine Adern.

Der Herzschlag hämmerte bis zum Hals, er stöhnte, wollte jeden Augenblick dieses Gefühls auskosten.

Er fühlte sich so lebendig, nichts konnte ihm schaden, er war unbesiegbar …

Verzweifelt versuchte sie sich zu wehren, zappelte und wand sich unter ihm.

Ihre Augäpfel quollen aus den Höhlen und sie versuchte ihn zu beißen.

Der Druck seiner Hand auf den Lippen war zu stark …

Nahm ihr die Luft zum Atmen …

Sie erkannte einen Moment lang, dass es sinnlos war.

Heute würde sie sterben …

Ihr Weg war hier zu Ende, sie hatte nicht viel erlebt.

Kummer und Geldsorgen waren ihr Begleiter gewesen, schon das ganze Leben lang.

Aber trotzdem hatte sie nie aufgegeben, war immer fröhlich …

Sie hatte geahnt, dass dieser Job ihr irgendwann zum Verhängnis werden sollte.

Nun war es zu spät für Reue …

Er war zu groß und zu stark, wie ein wildes Tier war er über ihr, Schmerzen und Angst, raubten ihr fast den Verstand …

Es geilte ihn auf, wenn sie sich wehrten.

Er lachte laut über ihre kläglichen Versuche sich zu befreien.

Sie bekam kaum noch Luft, er spürte wie die Kraft in ihr nachließ und sein Rausch begann.

Dieser Zeitpunkt, wenn das Leben fast ausgehaucht war, das war der Moment, der ihn am meisten scharf machte.

Würde er loslassen, dann konnte sie wieder atmen, sie würde leben …

Würde er fester drücken, wäre es gleich vorbei…

Das war der Moment, der ihm das Gefühl gab Gott zu sein, gepaart mit seiner sexuellen Erregung war es ein Rauschzustand, wie ein Flug ohne Flügel.

Ein Gefühl der absoluten Erfüllung und Ekstase, die ihn an den Rand eines Abgrundes trieben.

Zu diesem Zeitpunkt gab es kein Zurück mehr für ihn, der Schmerz in seinen Lenden war so stark, dass er sich Erleichterung verschaffen musste, und er wusste genau wie.

Kurz vor ihrer Bewusstlosigkeit, sah sie das Glitzern der Stahlklinge im Licht der Deckenlampe aufblitzen.

Tränen liefen aus ihren Augen, er würde sie abschlachten

wie ein Tier.

Jetzt wusste sie, es war der Teufel in Menschengestalt …

Lüstern starrte er auf die funkelnde Klinge, sie hatte etwas Ordinäres für ihn.

Er zog ihren Kopf an den Haaren in den Nacken, ihr dünner Hals spannte sich und die Sehnen traten hervor.

Mit gleichmäßiger Kraft zog er das Messer von links nach rechts durch ihren Hals.

Wieder wunderte er sich, wie einfach es doch war …

Wie einfach es war zu töten, wie zerbrechlich das Leben ist.

Ein schmatzendes Geräusch erklang, als die Klinge an der rechten Seite aus der Haut herausglitt.

Seine linke Hand streichelte zart über ihre Wange, dann über ihre angstvoll verzogenen Lippen.

Sie spürte es schon nicht mehr …

Er beugte sich über sie und spannte ihren Hals noch weiter, blickte ihr in die Augen, in denen das Leben langsam erlosch.

Wartete den Moment ab, als die Starre der Pupillen eintrat. Dann schaute er fasziniert auf die durchgeschnittene Halsschlagader, aus der das rote Lebenselixier heiß herausspritzte, im Takt ihres sterbenden Körpers.

Er genoss diesen Anblick, den Geruch, spürte wie der Druck in seinem Unterleib immer stärker wurde, pulsierte, fast nicht mehr aushaltbar war.

Wenn es nicht gleich passierte, würde sein Körper in tausend Stücke explodieren …

Er stieß einen langgezogenen Schrei aus, erlebte den intensivsten Höhepunkt seiner Lust in ihr, während ihr zarter

Körper unter seinen Händen erschlaffte.

Sie war tot …

Langsam gewann sein Verstand wieder die Oberhand, es war wieder passiert …

Er war Gott, er hatte Macht …

Stark und unbesiegbar …

Vor sich hin summend, setzte er sich an den Tisch und faltete einen Hundert Euro Schein wie einen kleinen Fächer.

Sorgfältig, akribisch …

Den hatte sie sich wirklich verdient, die Roxy.

Mit vielen Frauen hatte er im Laufe seines Lebens gefickt, aber Candy und Roxy waren schon etwas Besonderes.

Auch Nancy-Lou wollte er nicht vergessen, bei ihr war er auf den Geschmack des Blutes gekommen …

Er duschte sich, zog seine Sachen an und steckte ihr den gefalteten 100 Euro Schein tief in die durchgeschnittene Kehle.

Ganz selbstverständlich wusch er sich das Blut von seinen Fingern, wenn es kalt war und eintrocknete, verlor es gänzlich an Reiz für ihn.

Erstaunt blickte er das Wasser im Abfluss an das rosafarben war, nicht rot wie Blut, er schüttelte den Kopf …

Seltsam …

Dann verließ er fast geräuschlos die Suite und schlenderte über den Flur zur Feuertreppe.

Entspannt und befriedigt, lächelte er vor sich hin.

Er würde das Hotel unbemerkt verlassen, nichts und niemand konnte ihn aufhalten …

# Kapitel 7 … Die Jagd …

Zwei Tage später …

Langsam machte der Anwalt sich Sorgen um die beiden.

Seit dem Vorfall am Strand vorgestern, hatten sie das Schlafzimmer beide kaum verlassen.

Sie schliefen fast den ganzen Tag.

Nur zum Essen und um zu baden, sah er sie beide.

Es ging ihr nicht gut, das konnte er fühlen.

Sie sprach kein Wort und war blass und durchsichtig, sein Freund sah auch nicht viel besser aus.

Unrasiert, grau im Gesicht, glanzlose Augen …

Er redete aber immerhin mit ihm.

Nicht viel, aber das Notwendigste.

Beide wollten keinen Arzt und sie wollte unter keinen Umständen das Haus verlassen.

Zurückgezogen, in sich gekehrt, die Stimmung war bedrückt.

Die Männer des SEK schlichen durch das kleine Haus, unterhielten sich nur noch draußen, im Garten.

Hatten Angst, Geräusche zu verursachen oder zu stören.

Er selbst kam sich vor wie in einem Trauerhaus, noch war niemand gestorben.

Es war glimpflich abgelaufen, aber zerstörerisch für ihrer aller Seelen.

Irgendetwas musste unternommen werden, so konnte es auf Dauer nicht weitergehen.

Der Anwalt beschloss, ihre Freundin anzurufen.

Auch wenn sie mit ihm keinen Kontakt wollte, aber ihrer Freundin musste sie beistehen.

Vielleicht konnte sie helfen, konnte sie aus diesem Tief

herausholen, sie wieder ins Leben zurückholen.

Sein Freund hatte ihm heute Mittag gesagt:

„Ich kann ihr nicht helfen, sie will niemanden sehen außer mir! Sie fängt sich schon wieder, das braucht seine Zeit. Etwas Ruhe tut uns jetzt beiden gut, glaub mir, diese Boshaftigkeit hat mich auch zutiefst erschreckt.

Ich habe Angst um sie, nicht um mich!"

Der Anwalt hatte nach diesem Gespräch überlegt, mit den Kollegen der Einheit gesprochen.

Ihnen allen hatte der Schreck in den Knochen gesessen …

Was hatte sie am Wasser gewollt?

Wollte sie ertrinken?

Keine Erklärung für den Vorfall war gekommen, weder von Seiten seines Freundes, noch von ihr.

Alles war unverständlich, auf der anderen Seite auch wieder nicht.

Sie hatte einiges aushalten müssen in den letzten Wochen.

Als Paar hatten sie Vergewaltigung und Entführung durchstehen müssen, einen schweren Autounfall, er hatte zwei körperliche Kämpfe bestritten.

Zweimal nicht unerheblich verletzt dabei, nur seiner Vitalität und Konstitution war es zu verdanken, dass er es gut überstanden hatte.

Sie fanden einfach keine Ruhe, egal wo sie waren.

Sein Freund ließ sie nicht eine Sekunde allein, wich ihr nicht von der Seite.

Morgens und abends saßen beide fast zwei Stunden in der Badewanne, er fragte sich warum?

Es ging ihn nichts an, aber er war ihrer beider Freund, wenn er dieses perverse Schwein doch endlich erwischen könnte.

Kranker Irrsinn, die ganze Sache mit den Blumen, der Höhepunkt die Beileidskarte mit ihrer beider Namen darauf.

Alle waren geschockt gewesen …

Selbst sein Chef hatte gebrüllt am Telefon, wie er alles berichtet hatte.

„Wenn nicht bald etwas passiert, dreh ich durch.

Wie kommt es, dass er nirgendwo bemerkt oder aufgehalten wird?

Mit der verkloppten Visage muss er auffallen, dann noch eine eventuelle Schussverletzung von dir.

Das geht doch nicht mit rechten Dingen zu.

Spaziert in einen Blumenladen und ist danach wieder wie vom Erdboden verschwunden, alle anderen Ermittlungen, die mit ihm zu tun haben, verlaufen sich im Sand.

Wie kann jemand der wahnsinnig ist so umsichtig handeln. Das kann doch alles nicht nur Glück oder Zufall sein!“

Schnaubend hatte er nach der Tirade aufgelegt.

Das Gleiche hatte der Anwalt sich auch schon mehr als einhundertmal gefragt.

Immer mit demselben Ergebnis …

Nämlich keinem …

Er saß auf der Treppe und rauchte eine Zigarette, als sein Telefon summte.

Der Chef, zum Glück war er mit dem Einsatzleiter gut befreundet.

Sie hatten zusammen manch schwierigen Fall bearbeitet.

Immer gute Erfolge erzielt.

Es musste bald etwas Greifbares kommen.

Der Irre würde sich irgendwann verraten, es konnte nicht mehr lange andauern.

Er und die drei Männer seines Trupps, waren angespannt und nervös.

Aber sie alle, waren überzeugt davon, dass der Täter bald einen Fehler begehen würde.

Darauf lauerten sie, dann wären sie da, um ihn zu erwischen.

Dann Gnade ihm Gott, er würde seinem Schöpfer gegenübertreten, das hatte er sich selbst geschworen.

Eigentlich hatten sie es schon mit viel gestörteren Tätern zu tun gehabt, aber hier bei dieser Geschichte, war er persönlich betroffen.

Wollte gerne helfen, konnte nichts tun …

Er fühlte sich hilflos und schwach …

Durch eine Berührung des Displays, nahm er das Gespräch an.

Sie hatten doch erst vor drei Stunden die Lagebesprechung gehabt, die war kurz und knapp geendet.

Das konnte nur bedeuten, dass es neue Erkenntnisse gab.

Er schaltete sein Headset ein und ging ein paar Schritte Richtung Strand hinunter.

Er wollte keine Zuhörer und keine Störung.

Der Chef hörte sich ruhig an, das war ein gutes Zeichen.

Sie hatten etwas Neues.

„Wir haben drei Treffer im Zentralcomputer in Wiesbaden, gleich drei DNA -Treffer.

Du erinnerst dich an die gesicherten Spermaspuren nach der Vergewaltigung deiner weiblichen Schutzperson im

Landhaus.

Das Sperma passt in drei weitere Fälle.

Der erste Fall war bei uns im Bahnhofsviertel.

Eine zusammengeschlagene Prostituierte, übel zugerichtet. Vor ein paar Wochen. Pflegefall, irreparable Hirnschädigung, ganz übel steht im Bericht des behandelnden Notarztes.

Durch die Wucht des Schlages sind Knochenfragmente in das Gehirn gelangt.

War eine böse Geschichte. Ist aber mehr oder weniger unbeachtet geblieben.

Arme Kleine, hat sich keiner für sie interessiert.

Nancy-Lou, war ihr Name.

Ehemalige Krankenschwester, das übliche dann halt.

Drogen, Abstieg, Prostitution.

Das war Opfer Nummer eins, verprügelt und gewürgt.

Es fand kein Verkehr statt, dafür jede Menge Sperma auf ihrem Körper und ihrer Kleidung.

Der zweite Fall ist eine gute Woche her, in der Nachbarstadt.

Candy, jung, niedlich, einfach abgerutscht ins Milieu, wir kennen das ja. Einvernehmlicher vaginaler Sex, keine Vergewaltigungsspuren.

Jede Menge Sperma des Täters in ihr.

Er scheint nicht auf Kondome zu stehen.

Aber jetzt halt dich fest, er prügelt nicht mehr.

Er hat ihr mit einem scharfen Messer, laut Gerichtsmedizin, ein Jagdmesser, die Kehle aufgeschlitzt.

Glatt und sauber, kraftvoll ausgeführt, von einem Rechtshänder.

Jetzt wird es noch besser, er hat sie regelrecht ausbluten

lassen, während er unter ihr lag.

Das Zimmer war ein Albtraum, so viel Blut habe ich selten gesehen, bis an die Decke, grauenvoll …

Nur auf dem Schlachthof ist mehr Blut.

Er scheint sich darin regelrecht gebadet zu haben.

Dann hat er ihr einen Hundert Euro Schein zusammengefaltet in den tiefen Schnitt der Kehle gesteckt, der Gerichtsmediziner war verwundert.

Schön gefaltet, wie ein Fächer und tief in den Schnitt geschoben.

Bei Nancy-Lou hatte er das Geld auf das Bett geworfen.

Es scheint ihm wichtig zu sein, zu bezahlen!“

Sein Chef zündete sich eine Zigarette an, er hörte ihn inhalieren.

Er selbst steckte sich auch noch eine an, zog tief den Rauch in seine Lungenflügel.

Es war erst seine dritte heute und schon mittags, er hielt sich gut.

Sein Chef fuhr fort, zu berichten.

„Die Dritte, war eine Nacht vor eurem Rosengeschenk.

Roxane, auch aus der Nachbarstadt, auch Bahnhofsviertel

Nicht mehr taufrisch, aber eigentlich sehr vorsichtig, schon länger in dem Gewerbe unterwegs.

Viel Haus und Hotelbesuche.

Einvernehmlicher vaginaler Sex, viel Sperma, noch viel mehr Blut, derselbe Tathergang, dieselbe Waffe.

Kehle durch, ausbluten lassen.

Gefalteter Geldschein rein.

Diesmal muss er oben gewesen sein dabei.

Bei beiden Opfern dasselbe Tatmuster.

Dieselbe DNA, dieselbe Vorgehensweise, nur diesmal hat er sie sich ins Hotel kommen lassen.

Der Nachtportier hat ihn eindeutig identifiziert, er hat dem Portier erzählt, dass er Berufsboxer ist.

Daher sein Gesicht, kühl kalkulierte Geschichte, die aberzieht, bei beiden Geschlechtern.

Männer bewundern ihn, Frauen finden ihn erotisch …

Aber, es eskaliert, er dreht durch, die Abstände werden kleiner, er wird sich sein nächstes Opfer suchen.

Er will Blut sehen.

Blut scheint eine enorme Anziehungskraft auf ihn auszuüben.

Das erste Opfer hat er durch die Nase fast ausbluten lassen, sie aber nicht getötet.

Jetzt tötet er, ist unberechenbar und Gewaltbereit. Seid auf der Hut, er macht vor nichts mehr halt …“

Die nächsten Worte seines Chefs, ließen dem Anwalt kalte Schauer über den Rücken laufen.

„Eine Gemeinsamkeit haben alle seine vier Opfer, zählen wir die Vergewaltigung im Landhaus, als erste Tat mit.

Alle Frauen hatten lange hellblonde Locken!

Damit scheint er etwas zu verbinden, das scheint die Schleusen zu seiner Grausamkeit zu öffnen!

Du musst morgen zurückkommen, nur für ein paar Stunden. Ich plane da etwas, wir reden, wenn du im Büro bist!“

Der Anwalt beendete das Gespräch, schlenderte die Düne entlang. Der Wind fuhr durch sein welliges Haar.

Diese idyllische Stille auf diesem Fleckchen Erde.

Das Meer, Wind und Wellen, glückliche Momente, die er hier verlebt hatte …

Er wusste, tief in seinem Inneren, es war aus mit ihrer Freundin.

Sie würde ihm nicht verzeihen, konnte nicht verstehen, warum er zurück zu seiner alten Einheit gegangen war.

Keine Antwort auf seine Nachrichten, war aussagekräftig genug.

Das zeigte ihm seinen Platz in ihrem Leben, traurig blickte er zum Haus.

Nicht zum ersten Mal, machte ihm sein Job ein Strich durch die Rechnung in Sachen Liebe.

Er seufzte, es war nicht mehr wichtig.

Seit er den Auftrag übernommen hatte, fühlte er sich wieder zu Hause, warum hatte er nicht bemerkt, wie sehr ihm das alles gefehlt hatte?

Der Zusammenhalt, die Verlässlichkeit und das Urvertrauen in seine Kollegen.

Es war schön wieder dazu zu gehören, spendete Trost.

Eine Frau hatte jetzt keinen Platz mehr in seinem Tagesablauf.

Seine Liebe zu ihr war kurz gewesen, nur ein kleines Stück auf dem Pfad der Zugehörigkeit, waren sie zusammen gegangen.

Vergessen würde er sie nie, er wollte, dass es ihr gut geht. Dass sie einen Mann fand, der das hatte, was sie bei ihm vermisste. Sein Schicksal war kurz mit ihrem gekreuzt, nun war es vorbei.

Am Haus angekommen, besprach er den Einsatzplan mit seinen Männern, dann wollte er sich hinlegen.

Heute Nacht würde er schlafen, sie wechselten sich ab,

damit alle ihre Nachtruhe bekamen.

Sonst wurden sie unaufmerksam, würden Fehler begehen. Fehler die eventuell dann später nicht mehr zu korrigieren waren.

Es war später Nachmittag, als er sich vor dem Kamin auf die Couch legte und sofort einschlief.

Draußen regnete es wieder, der Wind blies heftig und seine Kollegen vertrieben sich die Zeit mit Skatspielen.

Er hatte durchgeschlafen, die ganze Nacht.

Gegen acht Uhr wurde er wach, ging in die Küche und goss sich einen Kaffee aus der Thermoskanne ein.

Aus dem Fenster blickend, sah er den blauen Himmel.

Die Sonne schien gleißend, und er öffnete die Hintertür zum Garten.

Er konnte die Brandung hören und lächelte.

Dann knallte ein Schuss durch die Luft …

Er warf seine Tasse in das Spülbecken, die mit einem scharfen Geräusch zerplatzte.

Ein zweiter Schuss hallte durch die offene Tür …

Mit einem Griff riss er seine Waffe aus dem Holster am Treppengeländer und rannte barfuß, nur mit seiner Hose bekleidet durch den Garten zum Tor.

Wieder ein Schuss …

Er war den Weg zur Düne heruntergelaufen, da sah er seine drei Kollegen.

Sein Freund stand vor den Jungs, hielt den Arm von seiner Partnerin und stützte die Waffe in ihrer Hand ab.

Seelenruhig machten sie Schießübungen, fassungslos keuchend blieb er stehen.

Sie hatten ihn zu Tode erschreckt, jetzt sahen sie ihn …

Er ging zu der Gruppe hinüber und starrte sie wütend an, wollte zum Fluchen ansetzten.

Da drehte sie sich zu ihm um, er sah das Funkeln in ihren Augen und ihre Wangen waren gerötet.

„Wenn er noch einmal in meine Nähe kommt, knall ich ihn ab!“

Er ging zu ihr und nahm sie in die Arme, streichelte über ihren Kopf und sah seinen Freund an dabei.

Sie löste sich aus seiner Umarmung, ging langsam am Wasser entlang Richtung Haus.

Seine Augen folgten ihr, sie wirkte zerbrechlich, aber ihr Gang war aufrecht und selbstbewusst.

Der Wind zerrte an ihrer Jacke und sie hatte die Hände in die Taschen gedrückt.

Er blickte die drei Männer des SEK an und blaffte los:

„Seid ihr übergeschnappt? Mit Zivilisten Schießübungen zu machen. Ganz zu schweigen von der Munitionsvergeudung eurer Dienstwaffen. Was stimmt mit euch nicht?

Geht mir aus den Augen, passt auf sie auf. Da reden wir noch drüber!“

Mit gesenkten Köpfen gingen die drei hinter ihr her.

Sein Freund legte dem Anwalt beschwichtigend eine Hand auf den Arm.

„Sie können nichts dafür, es war meine Idee.

Gib ihr ein bisschen das Gefühl, dass sie sich wehren kann. Dann geht es ihr besser.

Ich besorge ihr eine leichte registrierte Waffe,

mit Waffenschein. Sie hat aufgeatmet, als ich ihr den Vorschlag gemacht habe. Gib mir die Schuld, ich habe deine Jungs dazu angestiftet!“

Zerknirscht stand er vor dem Anwalt, den Kopf gesenkt.
Wie sollte er so wütend auf ihn sein, er war sein Freund …
Der Beste, den er je gehabt hatte, außerhalb seines Jobs.
Er legte eine Hand auf seine Schulter und sagte:
„Wenn es euch so wichtig ist, soll es so sein.
Ich fahre gleich zurück ins Quartier.
Wenn ich heute Abend wieder da bin, habe ich eine Waffe und Munition für sie mit und wir üben gemeinsam.
Die drei Schwachmaten können euch lieber ein paar Handgriffe Selbstverteidigung zeigen, während ich unterwegs bin."
Er musste schmunzeln, aber sofort wurden seine Gesichtszüge wieder ernst.
Gemeinsam gingen sie den Weg an der Düne entlang.
Er sah zur Seite, blickte auf das Profil seines Freundes und sagte leise:
„Schön, dass es euch besser geht!"

Es war nicht der richtige Zeitpunkt seinem Freund mitzuteilen, dass sein einstiger Weggefährte aus Kindheitstagen zum Mörder geworden war …

# Teil 2

# Viola Velvet

# Kapitel 8 … Unerwartete Hilfe …

Er hatte den dunklen Audi des SEK genommen und jagte die 300 PS in die Autobahnkurve.

Die Fahrt ins Hauptquartier der Einheit verbrachte er in seinen Gedanken.

Es war leer auf den Straßen, das Wochenende befand sich im Ausklang.

Morgen wären die Autobahnen wieder voll und er überlegte, ob er noch heute Nacht zurückfahren sollte.

Das würde anstrengend, aber wahrscheinlich besser sein, als morgen in der Frühe im Berufsverkehr sich durch völlig verstopfte Verkehrsanbindungen zu quälen.

Es war Ein Uhr in der Mittagszeit, als der schwarze SUV in das Parkhaus des SEK führ.

Er parkte den Wagen im unteren Deck auf der rechten Seite ein und griff nach seiner Jacke, schob das Telefon in die Hosentasche.

Schnellen Schrittes ging er auf die Fahrstühle zu und drückte auf den Knopf.

Nervös wippte er mit der Schuhspitze seines Turnschuhs, während er auf einen der beiden Aufzüge wartete.

Was hatte sein Chef vor?

Was für eine Idee oder welchen Plan würde er gleich unterbreitet bekommen?

Sie mussten vorankommen, je länger es dauerte den Wahnsinnigen zu finden, umso mehr Todesopfer würden sie haben.

Unschuldige Frauen, die einfach nur zur falschen Zeit am falschen Ort waren.

Frauen mit blonden langen Haaren, sein Chef hatte gesagt, das wäre die Verbindung, die bei allen Taten gleich war.

Die Abstände waren kürzer geworden, wenn sie sich nicht beeilten, würde es bald jeden Abend ein

neues Opfer geben.

Der Lift rastete ein und die Türen glitten mit einem leisen Geräusch auf.

Nachdenklich machte er einen Schritt in die Kabine und drückte auf den Knopf für die 3 Etage.

Das Büro des Leiters der Einheit lag ganz hinten rechts im Gang, er klopfte leise an der Tür, dann trat er ein.

Das wettergegerbte Gesicht seines Freundes und Vorgesetzten blickte ihn an.

Er hatte etliche Aufgaben mit diesem Mann gemeinsam überstanden, von dem er wusste, dass er im Kampfeinsatz für die Armee viele Menschenleben gerettet hatte.

Er war ein Mann, der damals schon, bei seinem ersten Eintritt in das SEK, einer der wenigen Menschen wurde, denen er blind vertraute.

Seine schroffe Art, seine aggressive, laute Sprechweise stießen viele ab, ihm selbst gefiel die ehrliche Art seines Gegenübers.

Er setzte sich auf den wackeligen Stuhl und beugte sich erwartungsvoll vor.

Der Mann hinter dem unaufgeräumten Schreibtisch griff zum Hörer und keifte unfreundlich in das Telefon.

„Schickt sie hoch, aber zackig!“

Der Anwalt zündete sich amüsiert eine Zigarette an und inhalierte tief den Rauch.

Sein Gegenüber tat es ihm nach, wortlos warteten die

beiden ungleichen Männer.

Ungefähr zwei Minuten später klopfte es kräftig an der Tür und der Anwalt drehte sich zum Zimmereingang um.

Er sog scharf die Luft ein, starrte erstaunt auf die Gestalt, die im Türrahmen stand.

Sie hatte braune Locken und eine kurze Ponyfrisur.

Für eine Frau war sie groß, er schätzte sie auf über 1,80m und ca. 65 kg.

Durchtrainiert und sehnig vom Körperbau. Feingeschnittene Gesichtszüge und einen stark geschminkten Mund, in dunkelviolett.

Sein Blick glitt über ihren Körper, sie trug einen engen ärmellosen Samtoverall in tiefem Lila, der ihre kleinen Brüste betonte.

Ein mehr als angenehmes Erscheinungsbild, dachte er angespannt.

Ihre Arme und ihr Dekolleté waren tätowiert, so dass man kaum freie Haut sah, auch ihre Hände und Finger waren mit Hautkunst versehen.

Aber das bemerkenswerteste an ihr waren die Augen, sie leuchteten violett.

Kontaktlinsen, dachte er.

Sie nickte im knapp zu, nachdem die Musterung ihrer Gestalt abgeschlossen war.

Sein Chef beugte sich über den Schreibtisch und begann in seiner gewohnten scharfen Tonlage zu sprechen.

„Darf ich dir deine neue Kollegin in diesem Fall vorstellen?

Sie arbeitet seit mehreren Monaten verdeckt bei der Sitte, unter dem Namen Viola Velvet.

Sie wird der Lockvogel im Bahnhofsviertel sein, du wirst

mit auf sie aufpassen.
Wir müssen an ihn ran, bevor es noch mehr Opfer gibt!
Es ist eine gute Möglichkeit ihn zu fassen!“
Sein Blick lag auf dem Anwalt, während er sprach.
„Ich gehe davon aus, dass wir nicht mehr als ein bis zwei Tage brauchen, dann haben wir ihn. Wir werden sie ein bisschen im Viertel publik machen als neue Tänzerin.
Hellblonde Locken und ein paar Plakate werden hoffentlich ausreichen, um ihm sein Beuteschema anzubieten.
Lasst uns beten, dass der Plan funktioniert.
Wir müssen ihn aus der Reserve locken, egal wie.
Es ist die einzige Möglichkeit, Viola kann auch die Mädchen auf der Straße warnen und sich unauffällig unter ihnen bewegen! Es muss funktionieren!“
Er hob beschwörend die Hände zu seiner Rede.
„Macht euch miteinander bekannt, heute Abend geht es los, ich schicke einen Ersatzmann für dich an die Küste.
Ich halte dich für den besten Mann für diese Aufgabe, da du den Täter schon gesehen hast und mit der ganzen Geschichte vertraut bist.“
Mit einem Kopfnicken entließ er sie beide aus seinem Büro.

Auf dem Gang draußen schaute er Viola in die Augen.
„Dir ist bewusst dass er drei Frauen brutal angegriffen hat, zwei davon sind tot.
Er schreckt vor nichts mehr zurück, er handelt wie ein Tier. Ich weiß nicht, ob das unsere beste Option ist, ihn zu fassen.“
Seine Stimme war ruhig und doch hatte ihn eine innerliche Angst ergriffen, Angst noch eine Frau sterben zu se-

hen, durch die Hände dieses Monsters.

„Ich bin seit acht Jahren in der Einheit, das ist nicht mein erster Einsatz als Lockvogel.

Wir müssen ihn fassen, das ist nicht die einzige Option, aber die Beste!

Jetzt gehe ich zum Friseur, ich melde mich, wenn es losgeht.“

Ihre Stimme war kühl und gefasst, aber sie hatte ihm eine Hand besänftigend auf den Arm gelegt.

Seine Haut brannte wie Feuer unter der Berührung ihrer Finger.

Er blickte ihr hinterher, wie ihr schlanker Körper selbstsicher den Gang zu den Aufzügen hinunterging.

Nun wusste er, es lag in seinen Händen diese Frau zu beschützen.

Sein Leben wurde immer komplizierter.

Aber wenigstens brauchte er hier nicht seine Leidenschaft für seinen Job zu verstecken, wenigstens war hier Verständnis für das, was er tat.

Am Aufzug stehend blickte sie zu ihm herüber und rief:

„Wie ist dein Name?“

„Hier nennen mich alle Lawyer…“

„Okay, ich werde dich Law nennen…!“

Sie verschwand im Lift, er hörte wie die Türen sich leise schlossen.

Seine Hand tastete nach dem Handy in der Hosentasche, das angefangen hatte zu vibrieren.

Er nahm das Gespräch an, es war sein Freund, hoffentlich war alles in Ordnung bei den beiden.

Er konnte und wollte ihm von der neuen Aufgabe nicht

berichten, er würde sauer sein.

Von Anfang an war er gegen den Personenschutz gewesen, hatte nur zugestimmt, da er als Freund und Anwalt den Auftrag mit ausführte.

Nun würde er ihm beichten müssen, dass er gerade abgezogen wurde, einen neuen Einsatz hatte.

Innerlich wappnete er sich für das bevorstehende Geständnis, hoffte, dass sein Gesprächspartner ruhig reagieren würde.

Es war alles in Ordnung, das was sein Freund ihm jetzt in diesem Gespräch mitteilen würde, erleichterte und veränderte alles.

„Wir gehen ins Ausland, ich habe schon mit deinem Chef gesprochen.

Bis hier alles vorbei ist, werden wir verschwinden. Ich kann sie beschützen.

Es reicht, wir wollen endlich Ruhe und Frieden und nicht so leben wie Gefangene in dieser kranken Welt.

Nie allein, immer bewacht, immer mit der Angst, dass etwas Schreckliches passieren könnte.

Ich habe lange überlegt, jetzt bin ich mir sicher.

Mach dir bitte keine Gedanken, ich habe alles arrangiert, du weißt ich habe die Mittel dazu.

Es wird uns gut gehen, ich danke dir von ganzem Herzen, für alles, was du für uns getan hast.

Du bist mein bester Freund und wirst es immer bleiben.

Pass auf dich auf und melde dich erst, wenn ihr das Schwein weggesperrt habt!“

Sein Freund hatte aufgelegt.

Nachdenklich steckte er das Telefon weg.

Wie lange hatte sein Freund überlegt?

Wahrscheinlich schon seit einiger Zeit, die Ereignisse der letzten Tage hatten ihn wohl darin bestärkt so zu handeln.

Wer würde es nicht verstehen können?

Es war einfach zu viel, in zu kurzer Zeit geschehen.

Der vernünftigste Weg war, sich aus der Angriffslinie zu nehmen, beide sollten zur Ruhe kommen.

Er atmete erleichtert aus, jetzt konnte er sich völlig auf seine neue Aufgabe konzentrieren.

Sein Freund hatte ihm eine Last von der Seele genommen mit diesem Anruf.

Jetzt erst erkannte er, wieviel ihm das Paar bedeutet hatte.

Wie sehr er durch die beiden angefangen hatte, wieder an Liebe und Glück, an Zufriedenheit im Leben zu glauben.

Dass es nie zu spät war, sich für die Liebe zu entscheiden und dass trotz aller Hürden, das Leben lebenswert und aufregend war.

Jetzt hatte er nur noch ein Ziel:

Zu jagen, und den zur Strecke zu bringen, dessen Verstand vom Wahnsinn zerfressen war…

Auf der Lauer…

Als die Aufzugtüren sich schlossen, atmete sie auf.

Es war mühselig immer gelassen zu wirken, der neue Auftrag gefiel ihr gar nicht.

Sie hasste es den Lockvogel zu spielen, auch wenn es nicht das erste Mal war.

In ihren acht Jahren bei der Einheit, hatte sie das schon einige Male getan, aber bei einem eiskalten Schlächter wie diesem hier, das ließ ihren Adrenalinspiegel beträchtlich ansteigen.

Ihr neuer Partner machte einen kühlen Eindruck, aber er gefiel ihr.

Sie hatte schon vorher Erkundigungen über ihn eingeholt, aber das musste er nicht wissen.

Dass sie ihn beim SEK Lawyer nannten, ließ sich wohl davon ableiten, dass er nach vier Jahren bei der Truppe eine Anwaltskanzlei eröffnet hatte.

Privilegierter Sohn aus gutem Hause, hatte er jung ein Jurastudium abgeschlossen, war dann aber wohl gelangweilt und zur Truppe gegangen.

Geschieden, keine Kinder, Single, recht erfolgreich in den Gerichtssälen.

Vertrat vor dem Richter immer nur Opfer von Gewaltverbrechen, forderte Höchststrafen, bekam sie auch meist.

Sie war beeindruckt gewesen, hatte nachgehakt warum er zurückgekommen war.

Nun kannte sie die ganze Geschichte, er war mit dem Paar eng befreundet, das bedroht wurde.

Vetternwirtschaft, hatte sie abfällig gedacht. Reiche Söhne unter sich, aber nach weiteren Erkundigungen hatte sie ihre Meinung revidiert.

Er hatte nach Beendigung der Schulzeit mit seinen Eltern finanziell gebrochen, hatte sein Studium allein finanziert, durch Gelegenheitsjobs.

Also kein Muttersöhnchen, keine Vetternwirtschaft.

So etwas konnte sie nicht ausstehen, sie musste sich von Anfang an, von ganz unten hocharbeiten.

Als Frau bei der Polizei doppelt so schwierig, aber sie hatte es geschafft, ohne Hilfe von außerhalb oder Vitamin B.

Hatte mit die höchste Aufklärungsrate beim SEK, war

ausgebildete Scharfschützin und in einigen Kampftechniken zu Hause.

Mehr würde sie nicht über ihn erfahren können, ohne unangenehm aufzufallen.

In der Truppe galt: Einer für alle, alle für einen…

Das hatte ihr wirklich imponiert, als Einzelkind aufgewachsen, in der Schule gern ausgegrenzt als Streberin, war sie es gewohnt allein zurechtzukommen.

Aber jetzt zu einer der Elitetruppen des Landes zu gehören, machte sie stolz.

Manchmal überlegte sie, wann sie von der Straße wegwollte, die gefährlichen Einsätze hinter sich lassen würde.

Innendienst am Schreibtisch, eine Familie gründen.

Es hatte sich nun mal nicht so ergeben, kein Mann hatte es je länger ausgehalten als ein paar Monate an ihrer Seite.

Sie war zu dominant, zu stark, zu fordernd…

Das sagten ihr ihre Freundinnen bei jedem Treffen.

Nun hatte sie aufgegeben, die meisten Männer kamen eh mit ihrem Job nicht zurecht.

In den Reihen der Kollegen, einen Mann zu suchen, kam ihr nie in den Sinn.

Das waren alles seelische Krüppel, die einfach zu viel erlebt hatten, zu viel Grausamkeit und Tod gesehen hatten.

Da hatte sie sich für das Alleinsein entschieden.

Es war okay, wenn auch nicht immer einfach.

In vier Jahren würde sie 40 werden, dann wollte sie in den Innendienst wechseln.

Vielleicht würde sich dann was ergeben. Aber sie hatte es nicht eilig, so oder so war ihr Leben mit ihrem Job kompliziert und stressig.

Ein Typ an ihrer Seite würde es nicht gerade vereinfachen.

So hing sie auf dem Weg ins Parkhaus ihren Gedanken nach, sie stieg in ihren Jeep und tippte die Nummer ihres Friseurs ein.

Mist, jetzt würde sie sich die Haare blondieren müssen, auf eine Perücke hatte sie keine Lust.

Da schwitzte man drunter und fühlte sich alt und krank.

Sie musste über sich selbst lachen, nein, sie hasste einfach Perücken.

Würde sie halt mal ein paar Wochen blond sein, vielleicht stand es ihr ja.

Sie blickte in den Rückspiegel und dachte bei sich: Ich werde aussehen, wie eine billige Nutte in blond!

Nun ja, so sollte es ja auch sein…

Nach drei Stunden war es vollbracht sie war platinblond, und ihr schwuler Friseur, säuselte:

„Hach, Sweetie, du siehst aus wie die Monroe!

Ich bin begeistert, du hast deinen Typ völlig verändert!“

Dabei klatschte er wie ein Kleinkind in seine beiden dicklichen Patschhände.

Ein prüfender Blick in den großen Spiegel und sie dachte stirnrunzelnd: Der nuttige Look ist perfekt.

Ich werde mich schon noch dran gewöhnen.

Sie bezahlte an der Kasse und ging die Straße entlang zu ihrer Lieblingsboutique.

Für ihre Arbeit als verdeckte Ermittlerin im Rotlichtmilieu, fand sie hier die passende Auswahl.

Einer der Profiler vom BKA Wiesbaden hatte ihr den Tipp gegeben, dass der Täter etwas mit Blut und der Farbe

Rot verbindet.
Also musste etwas Blutrotes als Kleidung her.
Sie fand ein rotes glänzendes Kleid, das mehr zeigte als verhüllte.
Furchtbar, dachte sie, hoffentlich ist dieser Job bald vorbei und ich kann wieder Jeans tragen.
Das Problem war auch bei dieser Bekleidung, dass sie keine Waffe tragen konnte, zumindest nicht die, die sie wollte.
Sie zahlte und verließ das kleine Geschäft.
Zurück im Hauptquartier, zog sie sich um und schminkte sich sorgfältig.
Violette, hochhackige Samtstiefel vervollständigten den roten Glanzfummel.
Die Stiefel hatten den Vorteil, dass sie ihre 9mm Ladyhawk in den Stiefelschaft schieben konnte.
Nicht unbedingt die Waffe ihrer Wahl, aber ausreichend für ihren Schutz.
Ein prüfender Blick in den Spiegel, billig willig, es konnte losgehen…

Sie tippte eine kurze SMS in ihr Diensthandy und schickte dieselbe Nachricht an drei Kollegen.
**-bin fertig, können los-**

Alle drei standen im Parkhaus an den schwarzen Benz gelehnt, der jedem Zuhälter Ehre machen würde.
Die Männer waren ganz in schwarz gekleidet und wirkten einfach nur wie Leibwächter.
Das SEK sah man nicht mehr in ihrer Bekleidung. Hemden, die nicht zugeknöpft waren und dicke goldene Gürtel-

schnallen bei allen, sahen nach Rotlichtviertel aus.
Fürchterlich dachte sie schmunzelnd, als sie auf das Auto zu stöckelte.

„Wenn jetzt einer pfeift, gibt's Ärger", zischte sie.

Dann stieg sie rechts hinten in den Wagen ein, der Anwalt nahm die hintere linke Seite.

Der getunte Motor heulte auf, als sie das Parkhaus verließen.

Der Anwalt saß ruhig neben ihr im Fond des Wagens und schaute sie bei dem dämmrigen Licht an.

Ihm gefiel was er sah, blond stand ihr gut und obwohl sie fast nackt war, wirkte sie durch ihre Tätowierungen angezogen.

Außer am Hals und im Gesicht, konnte er keine rosige Haut sehen.

Ihr gesamter Körper war ein in sich übergehendes Kunstwerk in schwarzgrau.

Jedes Bildnis lief in das nächste über.

Er konnte einen Wolf erkennen, der in einen Indianer überging, von da aus erkannte er einen Traumfänger, der unter ihrem roten Rock verschwand.

Er hatte noch nie eine Frau kennengelernt, die mit so wenig Bekleidung, so würdevoll und unnahbar wirkte.

Trotz ihrer billigen Aufmachung und den ganzen Funkelklunkern, dem Makeup, wirkte sie selbstsicher.

Ihr stark geschminktes Gesicht war wie aus Stein gemeißelt.

Ihre Augen waren fokussiert und starr.

Alles an ihr wirkte gespannt wie ein Bogen und hochkonzentriert.

Sie war nicht im üblichen Sinne schön.

Sie war ein gelungenes, fleischgewordenes Kunstwerk, das in jedem Mann den Wunsch weckte, es zu besitzen.

Er überlegte, wie es wohl wäre sie nackt in weißen Laken vor sich zu sehen und fühlte das Ziehen in seiner Lendengegend.

Das Gefühl wegignorierend, drehte er seinen Kopf zur Seite und starrte aus dem Fenster.

Es war fast zehn Uhr als sie im Bahnhofsviertel parkten.

Hier hatte jemand ganze Arbeit geleistet, am Eingang in die Rotlichtgasse hing schon ein Plakat von Viola, das war schnell von statten gegangen, dachte er erstaunt.

Sie gingen langsam auf die schmuddelige Table-Dance-Bar zu, aus der lautes Gejohle drang.

Er setzte sich mit einem Kollegen an den Tresen, der dritte blieb an der Tür stehen.

Drinnen war es überfüllt, laut und stickig, roch nach ungewaschenen Körpern, Rauch und billigem Schnaps.

Die Musik dröhnte aus den Boxen, die Gäste grölten laut mit.

Überwiegend Männer mittleren Alters, geiferten die teilweise blutjungen, halbnackten Mädchen an und grapschten nach ihren Körpern.

Ihm lief ein Schauer des Ekels über den Rücken und schnell zündete er sich eine Zigarette an, um den Schweißgeruch in seiner Nase zu vertreiben.

Der Kollege neben ihm, wirkte ähnlich angewidert, beugte sich zu ihm und sagte leise an seinem Ohr:

„Was ein menschlicher Abschaum, der diesen Raum füllt. Ich werde mich nie daran gewöhnen, dass Frauen wie Fleisch behandelt werden. Ekelhaft."

Ihre Kollegin stand jetzt an einer der Stangen in der Mitte des Laufstegs, und schlang ihre langen Beine um die Polestange.

Suchend taxierten sie den überfüllten Raum, das Gesicht des Wahnsinnigen, würde auffallen, es musste noch grün und blau geprügelt sein.

Besonders achteten sie auf Mützen oder tief ins Gesicht gezogene Kapuzen.

Nichts auffälliges, nur eine lüsterne Meute in Feierlaune.

Er betrachtete Violas Körper, der so biegsam wie eine Schlange erschien.

Sein Kollege beugte sich wieder zu ihm und sagte:

„Sie ist schön, tough und selbstbewusst… Versuch es erst gar nicht…

An der beißt man sich die Zähne aus, sie hat jeden in der Einheit schon mehrmals abblitzen lassen.

Einschließlich des Chefs!“

Er grinste, zuckte mit den Achseln.

Der Anwalt wandte seine Aufmerksamkeit wieder der Mitte des Laufstegs zu, dort hatte sich ein regelrechter Pulk gebildet.

Die Menge johlte und feuerte Viola an, Hände versuchten nach ihr zu grapschen und zu greifen.

Sie bog und wand sich lasziv und schaffte es, allen Händen geschickt auszuweichen.

Mit zusammengekniffenen Augen beobachtete er die Menge und wünschte sich jeden einzelnen der Männer zu verprügeln.

Seine Fäuste einzusetzen und ihnen die schmutzigen Sprüche aus der Visage zu schlagen.

Er holte tief Luft und ballte seine Hände in den Taschen, bis es wehtat.

Abartiges Volk, dachte er, schmieriges Pack, Zorn erfasste jede Faser seines Körpers.

Er mahnte sich ruhig zu atmen, seine Gedanken in andere Bahnen zu lenken.

Immer wieder ließ er seine Augen durch die Menge schweifen. Eine wabernde Masse aus gierigen Lüstlingen.

Nach gut drei Stunden wechselten die Tänzerinnen.

Viola ließ die Stange los und ging Richtung Treppe auf den Bühnenausgang zu.

Er bedeute seinem Kollegen mit einem Kopfnicken, dass er ihr folgen würde.

Sie hatten schließlich den Auftrag sie nicht aus den Augen zu lassen.

Drängelnd bewegte er sich ihrem schlanken Rücken nach, schubste achtlos Männer weg und boxte sich einen Weg durch die Menge wimmelnder Körperteile.

Es war heiß, er spürte die Hitze in seinen Poren und wieder breitete sich Ekel in ihm aus.

Ekel, dass eine Frau diesen Job machen musste, um ein Tier zu fangen, das weggesperrt gehörte.

Ekel, dass Viola hiermit konfrontiert wurde.

Was war mit ihm los?

Er war doch sonst nicht so zart besaitet.

Müde stellte er fest, dass er alt wurde.

Hinter der Bühne ging es zu wie in einem Hühnerstall.

Aufgeregtes Gegacker aus jeder Ecke, drang ihm entgegen.

Halbnackte Frauen, die sich schminkten und Kleider anprobierten.

Ein wogendes Meer aus Brüsten und nacktem Fleisch. Auch hier roch es nach Schweiß und ungewaschenen Körpern.

Er blendete alles aus und konzentrierte sich auf ihren Rücken, sie verschwand durch eine Tür auf der Privat stand.

Achtlos schubste er einen Türsteher weg, und stieß das Pendelpanel auf.

Mehrere Frauen auch hier im Raum.

Sie stand in der Ecke und hatte eine Wasserflasche in der Hand.

Mit drei großen Schritten war er bei ihr.

Sie wirkte erschöpft und müde.

Er konnte sich gut vorstellen, wie anstrengend es war erotisch, sexy zu wirken und gleichzeitig hundert grapschenden Händen auszuweichen.

Sie nahm einen tiefen Zug aus der Flasche und er sah ihre erhitzte Haut, fühlte ihre Körperwärme.

In diesem Moment wirkte sie weder tough noch selbstbewusst, eher zart und verletzlich.

„Ich hasse diesen Job“, flüsterte sie.

Er wusste nicht, was in ihn fuhr, aber plötzlich schlang er seine Arme um sie und sein Mund suchte ihre Lippen.

Sie wehrte sich nicht, war eher steif und abwartend.

Als er sie enger an sich zog, gab sie nach.

Er fühlte ihre Arme, die sich um seinen Hals schlangen und sie öffnete ihre Lippen.

Sie schmeckte nach Pfefferminz und trotz des Gestanks in dem kleinen Raum, nahm er ihren eigenen Duft wahr.

Seine Hände fassten in ihre weißblonden Locken und zogen ihren Kopf noch näher ran.

Sie seufzte, und ihr Kuss war leidenschaftlich und

schmeckte süß.

Seine Hände fassten um ihren kleinen Hintern und für einen kurzen Moment vergaß er, wo er war.

Eine Hand zog ihn grob von ihr weg, sofort machte er sich sprungbereit.

Seine Faust schnellte nach vorn und traf seinen Angreifer in den Rippen.

Der sog scharf die Luft ein und zischte: „Sie wird hier nicht fürs Rumlecken bezahlt, sondern fürs Tanzen!"

„Halt die Schnauze, Ringo. Das ist mein Freund!"

Viola maulte den Türsteher an.

„Geh raus und heiz die Meute an, du weißt der Chef sieht privates hier nicht gern!"

Die letzten Worte hörten sich freundlich an und Ringo tätschelte Viola beruhigend die Schulter.

„Ist schon okay, Großer. Ich bin froh, dass du auf mich aufpasst!"

Violas Worte klangen versöhnlich.

Sie wandte sich dem Anwalt zu, sagte leise:

„Noch zwei Stunden, dann habe ich Schluss.

Ich glaube das wird heute nichts mehr.

Ich bin froh, wenn ich aus dem Drecksloch hier raus bin!"

Er nickte, legte den Arm um ihre Schultern und geleitete sie zum Aufgang des Laufstegs.

Sie nahm die Treppen mit zwei großen Schritten und stand wieder an der Stange.

Er wandte seine Augen nach rechts und fing an jedes einzelne Gesicht zu taxieren.

Er hatte auch nicht das Gefühl, dass heute Nacht noch ir-

gendetwas passieren würde.
Seine beiden Kollegen, blickten genauso enttäuscht wie er, kein Erfolg zu haben, frustrierte sie.
Sie würden alle froh sein, wenn sie hier raus wären.
Morgen Nacht wollten sie es am Straßenstrich versuchen, vielleicht hatten sie morgen mehr Glück.
Müde und ausgelaugt, drängte er sich zu seinem Kollegen an die Bar zurück.
Sie hatten in die Gosse der Gesellschaft geschaut, jetzt wollte jeder von ihnen nur noch Heim und sich den Dreck aus den Poren waschen...

Es war Drei Uhr fünfzig, als er mit Viola über den Hinterausgang der Bar, die enge Gasse betrat.
Dunkelheit umfing sie und ein penetranter Geruch nach Abfällen erfüllte die feuchte Luft.
Es nieselte und die Temperatur war kühl.
Man konnte den Winter fühlen und riechen, der in langsamen Schritten herankam.
Er war müde und unzufrieden mit dem heutigen Abend. Viola stakste neben ihm her und er sah, dass sie vor Kälte und Müdigkeit zitterte.
Rasch zog er seine Jacke aus und legte sie um ihren Körper.
Sein Arm um ihre Schulter, zog sie noch enger an sich und stützte sie.
Dankbar lächelte sie ihn an und beschleunigte ihren Gang. Die Kollegen warteten am Eingang der Bar mit dem Wagen.
Angespannt beobachtete der Anwalt die ganze Gasse. Überall lag Müll und Unrat, in der Mitte des Kopfstein-

pflasters angelangt, bemerkte er den penetranten Geruch nach Pisse.

Gott, er hasste diese Einsätze, warum mussten Menschen so leben?

Warum gab es solche Viertel in jeder Stadt?

Er gestand sich ein, dass diese Zustände außerhalb seines Verständnisses lagen, er niemals dafür Erklärungen finden würde.

Jeder war seines Glückes Schmied im Leben, der eine mehr, der andere weniger…

Er hatte eine Hand am Waffenholster und horchte auf jedes Geräusch zwischen den Hauswänden.

Ihre Schritte hallten auf dem Pflaster und in der Ferne hörte man leise Verkehrsgeräusche von der naheliegenden Autobahn.

Die blonden Haare von Viola leuchteten im fahlen Licht einer zerbrochenen Laterne wie ein Heiligenschein.

Er wollte nur noch raus aus diesem schmierigen Milieu und im Schlaf Vergessen suchen…

Vergessen, dass sie sich hier einer Gefahr aussetzte, die niemand abschätzen konnte.

Einer Gefahr, von der er hoffte, sie davor zu beschützen.

Am nächsten Morgen trafen sich alle in der Zentrale zur Einsatzbesprechung.

Viola wirkte übernächtigt, unter ihren Augen lagen dunkle Ringe. Die blonden Haare ließen sie jung wirken, sie trug sie zum Pferdeschwanz gebunden.

Ihr ungeschminktes Gesicht wirkte zart und zerbrechlich.

Sie hatte sich in einen Rollkragenpullover regelrecht eingekuschelt und trug dazu eine enge Jeans und hohe

Schnürboots.

Auf ihn machte sie den Eindruck einer verschreckten Studentin, sie schien in den letzten Stunden etwas ihrer Selbstsicherheit verloren zu haben.

Er hatte in dieser Nacht unruhig geschlafen und sein Bett war völlig zerwühlt gewesen als er gegen sieben Uhr aufgestanden war.

Sein Kopf hatte gedröhnt, als wenn er den Abend durchgefeiert hätte, eine innere Erregung hatte ihn gepackt.

Sein Jagdinstinkt und gleichzeitig auch sein Beschützerinstinkt waren geweckt worden.

Viola hatte etwas in ihm ausgelöst, was ihn zutiefst beunruhigte.

Er kannte diese Frau kaum, und doch war da etwas was sie verband.

Die Leidenschaft für das was sie taten, der Glaube daran, dass das Gute siegen würde.

Die anderen beiden Kollegen wirkten auch ruhig und übermüdet und fläzten sich in den Stühlen rund um den Konferenztisch herum.

Beide gähnten immer wieder verstohlen hinter vorgehaltener Hand.

Es war still im Raum, von draußen hörte man Bürogeräusche und das leise Klingeln eines Telefons.

Der Wind brauste um die Gebäudeecken und erzeugte jaulende Geräusche. Der Chef ließ auf sich warten.

Er wollte endlich Erfolge erzielen, sie alle waren übermüdet und gereizt.

Es musste heute endlich etwas passieren, die Aussicht wieder so eine erfolglose Horrornacht zu erleben, machte sie mutlos.

Alle im Raum hingen ihren Gedanken nach.

Law dachte an seinen besten Freund und seine Partnerin, ob die beiden schon im Ausland waren.

Er ging davon aus, da die Beamten heute Morgen von der Küste zurückgekehrt waren.

Er hatte ihre Gesichter gesehen, sie hatten sich im Vorbeigehen kurz zugenickt.

Noch hatte er keine Möglichkeit gehabt mit einem der drei Kollegen zu sprechen.

Das würde warten müssen, erst einmal musste der Einsatzplan für heute Abend geklärt werden.

Das hatte oberste Priorität.

Sein Blick aus dem Fenster zeigte ihm, dass es schon wieder regnete.

Das waren keine guten Aussichten für die heutige Nacht.

Sein Blick zu Viola hinüber, war aus den Augenwinkeln.

Er betrachtete die schlanke, hübsche Gestalt.

Sie hatte sich im Stuhl zurückgelehnt und ihre Augen waren geschlossen.

Er konnte die dunklen Wimpern sehen und wie ihre Brust sich hob und senkte.

Sie atmetet ruhig und machte nach außen hin den Eindruck, als wenn sie schlief.

Er kannte diese Entspannungstechnik, auch er konnte so hin und wieder bei einer Observation zehn Minuten abschalten.

Ihre Hände lagen gekreuzt auf dem flachen Bauch, er konnte auf den Fingern den Schriftzug „Carpe Diem“ lesen. Sie würde jeden Tag nutzen, da war er sich sicher.

Die Glastür wurde aufgedrückt und der Einsatzleiter betrat mit einem kalten Luftzug den Raum.

Sofort setzten sich alle aufrecht hin, richteten ihre Augen auf das Kopfende des Tisches.

Mit einem Kopfnicken deutete der Chef Viola an, eines der Fenster zu öffnen.

Er zog eine zerknitterte Schachtel Zigaretten aus der Jackentasche und fummelte eine heraus.

Das Klicken des Sturmfeuerzeuges ließ Viola zusammenzucken.

Sie hatte eines der Fenster geöffnete und kalter Wind fegte über den Tisch, brachte den Stapel Akten, den der Chef auf die Tischplatte geknallt hatte, durcheinander.

Law zog seine eigenen Zigaretten aus der Tasche und steckte sich eine an.

Der Rauch waberte um die Köpfe und Viola hustete leise.

Niemand sprach, man konnte die Anspannung im Raum fühlen.

Der Chef begann zu reden.

„Ich habe hier alles, was es über ihn gibt", dabei klopfte er auf den Aktenstapel.

Sein wettergegerbtes Gesicht verzog sich zu einer gequälten Grimasse.

„Er wird sich sein nächstes Opfer suchen, heute Nacht muss etwas passieren. Holt ihn euch, mir ist egal ob tot oder lebendig. Ich zähle auf jeden Einzelnen von euch!"

Dann begann er den Zeitplan zu erläutern und sie versuchten sich einen Eindruck zu verschaffen wie groß das Gebiet war, das sie mit zehn Beamten abdecken konnten.

# Kapitel 9 … Der Entschluss …

Nachdem sie die Schießübungen am Strand gemacht hatten, fühlte sie sich wieder etwas sicherer in ihrer Haut.

Sie musste etwas in der Hand haben, um sich zur Wehr setzen zu können.

Mittlerweile hatte sie das Gefühl, sie würde durchdrehen und verrückt werden.

Was hatte sie am Wasser gesucht, sie konnte sich nicht mehr erinnern.

Er hatte sie immer wieder gefragt, wollte wissen, warum sie zum Strand hinuntergerannt war.

Warum sie im Wasser gesessen habe.

Sie wusste es nicht mehr, der Schock hatte so tief gesessen.

Eine innere Angst und Traurigkeit hatte sie erfasst, die Überlegung ihn zu verlassen, um diesem ganzen Irrsinn zu entfliehen, wieder in ihr normales Leben zurückzukehren.

Frei zu sein von dieser Spirale aus Hass und Angst, Verderben und Rache.

Wie würde ihr Leben ohne ihn aussehen?

Ohne seine Liebe?

Er war ihre einzige wahre Liebe im Leben, würde es immer bleiben.

Ihre Gefühle für ihn waren tief und doch auch verzehrend.

Wie ein loderndes Feuer, was alles um sich herum verbrannte, die Gefahr sich zu verlieren in diesen Flammen war groß.

Doch ihr Glaube an ihr Zusammensein war stärker, er gab ihr Kraft, Mut und Stärke.

Gemeinsam würden sie diese Ereignisse irgendwann hinter sich lassen und dann würden sie zu zweit zur Normalität zurückfinden

Er war es wert, war er immer gewesen.

Es war sechs Uhr morgens, die Sonne ging auf und sie konnte draußen die Vögel zwitschern hören.

Unten in der Küche hörte sie leise Stimmen, die Männer des SEK waren da.

Leise stand sie auf und öffnete die Fensterflügel, die Vorhänge wehten in den Raum und ihre hellen Locken wirbelten im kalten Wind.

Es wurde Winter, die Luft fühlte sich schneidend an auf der Haut und ihre Wangen wurden rosig.

Das dünne Hemdchen presse sich an ihren Leib und sie schlang die Arme um sich.

Regungslos stand sie dort, den kalten Wind auf dem Körper, schaute auf den Horizont, in ihren eigenen Gedanken gefangen.

Er hatte die Augen aufgeschlagen und tastete hinter sich über die Laken.

Wo war sie, das Bett war noch warm.

Ein eisiger Luftzug fegte durch den Raum, er drehte sich zum Fenster um.

Sie stand zwischen den geöffneten Fensterflügeln in der aufgehenden Sonne.

Sie wirkte in dem gleißenden Licht umgeben von den Strahlen des aufgehenden Morgens wie eine Ausgeburt seiner Fantasie.

Er stützte sich auf den Ellenbogen auf und betrachtete ihren Körper.

Sie trug nur ein dünnes kurzes Hemdchen und er konnte ihre runden Arschbacken sehen.

Ein Ziehen machte sich zwischen seinen Beinen bemerkbar, gleichzeitig fühlte er, wie ein warmes Gefühl ihn durchströmte.

Wie schon oft fragte er sich, ob er das Glück mit ihr verdient hatte, ob er ihre Liebe verdiente…

So viel war passiert, sie war noch immer bei ihm und noch immer fühlte er diese tiefe Liebe zu ihr, die er schon in seiner Jugend gespürt hatte.

Sie war die Eine, entweder sie oder das Alleinsein.

Er räusperte sich und sie drehte sich um zu ihm, schaute in seine blauen Augen.

Noch immer leuchtete sie in seinen Augen im hellen Licht, er sah ihre harten Brustspitzen vor Kälte, ein Träger des Hemdchens war von der Schulter geglitten.

Sie wirkte so süß, so unschuldig auf ihn.

Mit einem Satz war er aus dem Bett und zog sie in seine Arme.

Er überdeckte ihr Gesicht mit Küssen, sein Mund suchte ihre weichen Lippen.

Noch immer empfand er ihren warmen Körper als Geschenk, wenn sie sich an ihn schmiegte und er ihren Geruch einatmete, der ihn an eine Blumenwiese am Morgen erinnerte.

Sie drückte sich an ihn und er spürte wieder seine Lust auf ihre Haut und ihren Körper.

„Ich liebe dich, werde dich immer lieben“, flüsterte sie an seinem Ohr.

Sie klammerte sich an ihn wie ein Äffchen und er hob sie hoch und warf sie aufs Bett.

Sie lachte kehlig, konnte sie doch in seinen Augen lesen, was nun kam.

Er fing an ihre Schenkel zu küssen und bewegte sich langsam hoch zu ihrem Schoss.

Ihre Atmung wurde lauter und sie stöhnte seinen Namen, vergrub ihre Hände in seinen Haaren.

Das pochende Gefühl in seinen Lenden verstärkte sich und er konnte seine Erregung in jedem Nerv seines Körpers spüren.

Sie zog ihn hoch und schaute in seine Augen, den Blick glasig, die Lust im Gesicht erkennbar.

Das Gesicht, das sie fast ihr ganzes Leben begleitet hatte. Als er langsam in ihren nassen Schoss eindrang schloss sie ihre Augen und kostetet das Gefühl seiner Stärke in ihr aus.

Ihre Hände glitten über seinen Rücken und sie hörte ihn leise ihren Namen flüstern.

Was war es nur, was er immer wieder mit ihr machte, diese Gefühle kannte sie nur bei ihm, sich fallen lassen, wieder jung sein, alle Sorgen von sich schieben, in der Leidenschaft gefangen zu sein.

Sie hoffte, dass er ähnlich empfand und jede Sekunde mit ihr genoss.

Seine Hüften bewegten sich langsam, sie hatten es nicht eilig, er spielte mit ihren Nippeln, leckte ihren Hals entlang und schob schließlich eine Hand in ihren Schoß.

Während er seine Finger rhythmisch bewegte schaute er in ihre Augen.

Halb geöffnete Lider, diese dunklen Augen, die er so sehr liebte.

Er sah ihre rosigen Lippen, hörte ihren keuchenden Atem und anhand ihrer Bewegungen wusste er, dass der Höhepunkt ihrer Lust näherkam.

Jetzt ließ er sich gehen und seinen Instinkten freien Lauf. Das konnte er nur bei ihr, gemeinsam in der Leidenschaft versinken, die sie verband, …

Als sie später in seinen Armen lag, die Erregung sich gelegt hatte, setzten seine Gedanken ein.

Was wäre, wenn sie seine Söhne in Übersee besuchen würden?

Ausreisen über einen Flughafen konnte der Irre nicht, er würde zu sehr in den Kontrollen auffallen, er stand auf der Fahndungsliste.

Der Gedanke fing an in ihm zu reifen, was würde sie sagen?

Wäre sie bereit, mal für eine Weile Deutschland zu verlassen?

Er spielte mit einer Locke ihres weichen Haares und setzte seine Überlegungen fort.

Unten hörte er die Männer des SEK leise lachen, sein Entschluss war gefasst…

Sie konnten nicht ewig bewacht ihren Alltag gestalten, sie mussten hier weg, dem Horror den Rücken kehren.

Sie würden erst wieder kommen, wenn er gefasst war, er würde sich um ihn kümmern, wenn er im Gefängnis saß.

Die Schuldgefühle, seinem einstmals besten Freund gegenüber, waren stark, er hätte bemerken müssen, dass die Probleme so groß waren.

Doch er war blind gewesen, auf seine eigenen Sorgen konzentriert, hatte für alles andere um sich herum Scheuklappen getragen.

Die Affäre mit seiner Ehefrau hatte er nicht vergessen,

aber sicherlich hatte sie ihren Nutzen daraus gezogen.

Er kannte sie gut genug, er ahnte, dass sie seinen einst treuen Freund aus Kindertagen animiert und angestiftet hatte.

Auch wenn sie die Mutter seiner Söhne war, ihr konnte er nicht vergeben.

Jetzt, hier, das erste Mal ließ er den Gedanken an sie zu.

Komischerweise war sie ihm egal, sie hätte alles verhindern, gar aufhalten können.

Was sollte er seinen Söhnen erzählen?

Dass ihre Mutter eine versuchte Mörderin war?

Ihre Leiche war nicht aufgetaucht, sie würde irgendwo ihr Unwesen weitertreiben, er spürte keine Trauer.

Sie war immer berechnend und gierig gewesen, hatte ihn mit Sex in ihren Bann gezogen, als er jung und naiv war.

War es nur der Sex gewesen, oder ihre Raffinesse sich einen Mann zu angeln, der manipulierbar genug war, um sich ein schönes Leben an seiner Seite zu gestalten.

Hier, mit einer anderen Frau an seiner Seite, gestand er sich ein: Er hätte sie längst verlassen sollen, vor einigen Jahren schon, vielleicht wären dann die Umstände nie so eskaliert.

Seine Schuld musste er nun annehmen, seinen Söhnen gegenüber, seiner Partnerin und auch dem Mann, der zum Irrsinnigen Monster geworden war…

Er spielte weiter in ihren Locken als sie wach wurde.

Sie schaute hoch zu ihm, fragend, Vertrauen im Blick.

Sanft küsste er ihre Nasenspitze und räusperte sich.

Nun musste er sie überzeugen, er zweifelte, ob das einfach werden würde.

„Was meinst du, sollen wir einfach verschwinden, bis

sich hier alles beruhigt hat?“

Leise fing er an ihr seinen Entschluss zu erläutern, ihre Augen wurden groß, doch sie hörte ihm aufmerksam zu.

Als er geendet hatte, legte sie ihren Kopf an seine Schulter und sagte leise: „So soll es sein, es wird das Beste für alle Beteiligten!“

„Dann ist es beschlossen, ich werde telefonieren und alles in die Wege leiten, steh auf und pack deine Sachen zusammen, wir reisen heute noch ab. Dann sind wir aus der Schusslinie und lassen das alles hinter uns!“

Die Jagd beginnt…

Er hielt es langsam in dem kleinen Motelzimmer nicht mehr aus.

Es war eng und stickig, er fühlte sich rastlos.

Also setzte er sich in seinen dunklen Seat und beschloss, zu dem Haus ans Meer zu fahren.

Vielleicht würde sich eine Gelegenheit ergeben, den verhassten Feind zu sehen.

Entweder die blonde Schlampe oder ihren arroganten, reichen Stecher.

So nannte er seinen einstmals besten Freund in Gedanken mittlerweile.

Den Personenschutz, den die beiden hatten, wischte er mit einem Gedanken fort.

Er war klüger, würde die Trottel schon austricksen.

Die Macht, die er hatte, konnte ihm keiner nehmen.

Sein Kiefer war mittlerweile etwas abgeschwollen, aber noch immer war die untere Gesichtshälfte von Blutergüssen gezeichnet.

Der klägliche Versuch, die Hämatome zu überschminken, war gescheitert.

Versucht hatte er es, war sich dann aber lächerlich vorgekommen, er war doch ein Mann und keine gottverdammte Schwuchtel, die sich schminkte.

Im Kampf trägt man halt Verwundungen davon, dachte er lächelnd.

Er würde beiden schon noch beikommen und der Anwalt wurde ein immer größerer Dorn in seinen Augen.

Der schien die Fäden bei der Polizei in der Hand zu halten.

Personenschutz, wie lächerlich.

Als wenn die beiden Filmstars wären oder irgendeine andere Berühmtheit.

Leiden, das sollten sie, seine Wut auf sich selbst, dass er nicht besser gezielt hatte, flackerte wieder auf.

Und noch mehr Wut, dass er nicht fester zugestochen hatte, bei dem Flittchen.

Da war er noch zaghaft gewesen, jetzt zwei Wochen später würde ihm das nicht mehr passieren.

Nun wusste er, wie man tötete.

Wie leicht menschliches Fleisch zu schneiden war, wie leicht das Morden fiel, wenn erst einmal die Hemmschwelle gesunken war.

Manchmal spürte er, dass es nicht mehr weit war, dass er bald keine klaren Gedanken mehr fassen konnte.

Dass die dunkle Seite seiner Seele die Überhand bekam, aber noch bildete er sich ein, er könnte Gut und Böse steuern.

In den seelischen Hochphasen machte sich sein schlechtes Gewissen im Unterbewusstsein bemerkbar, meistens tagsüber, wenn er einschlief.

Beim Aufwachen erschrak er über die Heftigkeit seiner eigenen Schuld und fühlte noch immer die Verbundenheit zu seinem einstmals besten Freund, der jetzt der Feind war.

Oftmals träumte er, wie sie als Kinder unterwegs gewesen waren.

Wie sie füreinander einstanden, die Strafe des anderen in Kauf genommen hatten.

Immer war seine Mama da, immer wieder sah er ihre blonden weichen Haare und ihr schönes rotes Kleid, was sie so gerne trug.

Nie vergaß er den Tag, an dem sein Vater ihr das Kleid

vom Körper gerissen hatte und mit dem Gürtel auf den Rücken seiner geliebten Mama eingeprügelte, bis sie blutend zusammenbrach.

Er war zehn oder elf Jahre alt gewesen, hatte den Grund und die Heftigkeit des Streites nicht verstanden, hatte etliche Schläge abbekommen, weil er versuchte, seinen Vater zu stoppen.

Tränen schossen in seine Augen, wenn er zurück an die Hilflosigkeit von damals dachte.

Er hatte nicht den Mut gehabt, hatte das Messer in der Hand gehalten, wollte seinem Vater die Klinge ins Herz rammen.

Aber damals war er feige, sein Vater hatte gelacht, ihm das Messer aus der Hand gerissen und ihn aus der Wohnung geprügelt.

Das war das erste Mal, wo er weinend zu seinem besten Freund lief, und Unterschlupf fand.

Fast eine Woche hatte er sich verkrochen, im Gartenhaus. Sein Freund hatte ihm alles gebracht, was er brauchte.

Nahrung, Kleidung und Decken. Danach waren die beiden ungleichen Jungen unzertrennlich geworden.

Das Verhältnis zu seinem Vater, wurde durch diesen Vorfall für immer zerstört und seiner Mutter gegenüber, empfand er nur noch Scham.

Scham, dass er ihn nicht hatte stoppen können.

Heute war es etwas völlig anderes, heute würde er diesen alten Drecksack abstechen, ohne mit der Wimper zu zucken.

Er war froh als sein Vater starb, als er siebzehn wurde.

An die Umstände konnte er sich nicht mehr richtig erinnern.

Spielte auch keine Rolle mehr, zu oft hatte er sich sein Hirn zermartert, was wirklich an diesem Tag passiert war.

Hier und heute zählte nur, dass sein bester Freund ihn verraten hatte, für ein kleines dahergelaufenes Flittchen hatte er ihre gemeinsamen Jahre weggeworfen.

Wieder machte sich die innere Stimme in ihm breit:

„Töte ihn! Er hat es verdient!“

Die Autobahn war leergefegt und dumpf brütend fuhr er auf der rechten Spur mit gemächlicher Geschwindigkeit.

Er wollte keine Aufmerksamkeit auf sich ziehen, eilig hatte er es auch nicht.

Sie würden ihm nicht weglaufen, er würde sie alle kriegen, früher oder später.

Ob er in dieser Einöde irgendwo ein bisschen Koks bekam?

Er entschloss sich erst einmal etwas zu essen und fuhr auf den Autohof.

Nachdem er getankt hatte, ging er zur Toilette.

Das fahle Licht in dem gekachelten Raum flackerte und er sah sein bleiches Gesicht im Spiegel.

Taxierte sein Kinn, das noch immer in allen Farben schillerte.

Es stank nach Pisse in dem dreckigen Waschraum und er musste unwillkürlich würgen.

Er schlug so heftig mit der Faust in den Spiegel, dass seine Fingerknöchel aufplatzten und das Blut auf die siffigen Fliesen spritzte.

„Wie soll man in diesem Drecksloch was essen“, knurrte er.

Der Appetit war ihm gründlich vergangen.

Er ließ kaltes Wasser über seine blutende Hand laufen, wieder machte sich die Faszination in ihm breit, wenn er Blut sah.

Aber sein eigenes war für ihn nicht so interessant, wie das Blut einer anderen Person.

Papier aus dem Handtuchspender stoppte die Blutung und er wickelte mehrere Lagen um seine Finger.

Nun war es nicht mehr nur versifft in dem Raum, jetzt sah es auch noch aus, als wenn man jemanden hier drin abgeschlachtet hätte.

Er brach in schallendes Gelächter aus.

Das passte zu seiner Stimmung.

Er war mordlüstern, blutgeil und hemmungslos.

Schnellen Schrittes ging er zum Auto zurück, ließ sich auf den Sitz fallen und startete den Wagen.

Mit aufheulendem Motor verließ er die Tankstelle.

Er war gutgelaunt nun und entschlossen, heute noch jemand zur Rechenschaft zu ziehen.

Vielleicht würde sich die Gelegenheit ergeben, einen ihrer Leibwächter abzustechen, das würde ihm gefallen.

Wäre doch eine perfekte Botschaft für die Bullen, wie dumm sie sind…

Er lächelte glückselig vor sich hin und spürte die Erregung, die ihn immer ergriff, wenn er loszog, um zu töten…

Gegen Mittag traf er am Ziel ein.

Dunkle Wolken rasten über den Himmel und am Horizont war kein Lichtstreifen.

Beim Aussteigen konnte er seinen Atem sehen, es war kalt und feucht.

Hier an der See war es noch eisiger als zuhause.

Der Wind blies stürmisch durch die Straßen, fegte den Sand über den Strand.

Kein einziger Vogel war in Sicht, nur der Wind und das Tosen der Brandung war zu hören.

Fasziniert starrte er auf die schäumende See und atmete den Geruch von Salz und Fisch ein.

Er hatte an dem Strandweg geparkt, würde das Stück zum Haus durch die Dünen gehen.

Menschenleer, verlassen und einsam lagen die drei kleinen Häuser da.

Die Saison war vorbei und niemand verirrte sich noch hier hin.

Die Herbststürme würden bald aufziehen, dann zog es die Städter zurück in die Zivilisation.

Nirgendwo brannte Licht und obwohl es gegen Mittag war, musste man schon die Beleuchtung einschalten.

Er hatte das Gefühl, er wäre in der Vergangenheit gelandet, in dieser Einöde.

Wie konnten die beiden hier leben wollen, er selbst würde umkommen vor Langeweile.

Ihm sollte es recht sein, spielte es doch in seine Karten.

Es sah so aus, als ob niemand zuhause war, der schwarze 911er parkte unter dem kleinen Carport.

Die Jalousien waren unten, wie an den anderen beiden Häusern auch.

Er ging um das kleine Haus herum in den Garten und starrte die Fassade entlang hoch in den ersten Stock.

Wut keimte in ihm auf, die sich in brodelnden Zorn verwandelte.

Er stieß einen Schrei aus, wütend, brüllend…

Der Wind schluckte seine Stimme, niemand würde ihn hier hören.

Da kam ihm eine Idee…

Mit einem Blick auf die kleine Axt, die in dem Holzbock zum Kaminholzhacken steckte, fasste er einen Entschluss.

Ein dreckiges Grinsen glitt über seine Lippen, als er den Stiel der Axt ergriff und sie aus dem Holz herauszog.

Mit dem Werkzeug in der Hand, ging er zurück zum Carport…

Die Vöglein waren ausgeflogen, aber er würde ihnen eine Überraschung hinterlassen.

Er schaute noch einmal in alle Richtungen, keine Lichtkegel auf dem Strandweg, alles leer und verlassen.

Systematisch fing er an das Auto zu zerstören.

Erst knallte er die kleine Axt in die vorderen Scheinwerfer, dann waren die Rücklichter dran.

Nach und nach begann er Freude daran zu empfinden etwas zu zerstören.

Als die Frontscheibe platzte, bei seinem Hieb, juchzte er wie ein kleines Kind vor Freude.

War das ein Spaß…

Er stellte sich vor, dass sein ehemaliger Freund mit seiner Schlampe in dem Wagen drinsitzen würde, vor Angst zitternd.

Immer mehr Kraft legte er in seine Schläge, mittlerweile war der Porsche nur noch ein Wrack.

Er schrie und tobte, hackte immer wieder auf das berstende Blech ein und war in seiner Zerstörungswut völlig gefangen.

Zu spät bemerkte er die Lichtkegel des herannahenden Wagens.

Als die Scheinwerfer ihn erfassten, hielt er inne in seiner Raserei.

Es war ein Wagen vom Sicherheitsdienst, orange flackerte ein Licht auf dem Dach.

Er stand vor der Motorhaube des dunklen Fahrzeugs und blickte mit rollenden Augen finster ins Wageninnere.

Seine Haare hingen wirr in seinem Gesicht, er war nassgeschwitzt und schwang die Axt Richtung Motorhaube.

Der junge Fahrer des Wagens und der ältere Kollege, neben ihm auf dem Beifahrersitz waren völlig überfordert.

Der Ältere redete hastig in das Funkgerät, sprach mit der Zentrale.

Der Jüngere stieg aus, hatte seinen Schlagstock in der Hand.

Er war noch nicht lange im privaten Sicherheitsdienst tätig, aber mutig genug, um diese Sachbeschädigung richtig einzuschätzen.

Den Schlagstock in Richtung des Angreifers haltend, rief er laut.

„Stopp, du Arschloch… Was wird das hier!“

Das war sein Fehler, mit dem Wahnsinn, der nun folgen sollte, hatte er nicht gerechnet.

Alles was nun kam, passierte in Bruchteilen von Sekunden…

Mit einem Aufschrei warf der Angreifer die Axt mit solch einer Wucht in die Richtung des Wachmanns, wie nur die Kraft des Wahnsinns es ermöglichte.

Das kleine Beil drehte sich zweimal in der Luft.

Glatt durchschnitt die Klinge die dicke Jacke, den Pullover und das Hemd.

Die scharfe Schneide drang mit einem knacksenden Geräusch in das Brustbein des jungen Mannes ein.

Der stechende Schmerz durchzuckte jede Muskelfaser des Fleisches und breitete sich flammenartig im Oberkörper aus.

Den Mund geöffnet schnappte er nach Luft und Adrenalin schoss ruckartig in jeden Winkel seines Körpers.

Dann wurde ihm schwarz vor Augen, er wurde bewusstlos…

Er glitt langsam an der Motorhaube des Fahrzeuges vom Sicherheitsdienst entlang zu Boden.

Der Kollege im Inneren des Autos schrie auf, riss das Funkgerät aus der Halterung und schrie aufgeregt:

„Mann am Boden, Mann am Boden!“

Jetzt erst sprang auch er aus dem Wagen und hatte seinen Elektroschocker im Anschlag.

Es war verboten, aber jedes Fahrzeug hatte solch eine Waffe für Notfälle parat.

Jetzt war eindeutig so ein Notfall…

Sein Blick nach rechts und links zeigte ihm, dass er mit dem Verletzten allein war.

Der Angreifer war mittlerweile in der Dämmerung verschwunden, das war dem Wachmann völlig egal.

Er kniete auf dem Boden und versuchte seinem Kollegen zu helfen.

Blut quoll aus der Wunde um das Beil herum, die Jacke war durchtränkt und nass.

Er versuchte den Reißverschluss des Blousons des bewusstlosen Mannes etwas zu öffnen, seine Finger zitterten so sehr und er fing an zu schwitzen.

Die Hände waren rot vom Blut, sein Mund trocken und Angst schnürte ihm die Kehle zu.

Er riss seinen obersten Hemdknopf auf, das Gefühl keine Luft zu bekommen verstärkte sich.

Über zehn Jahre im privaten Wachdienst, zwanzig Jahre im Dienst der Luftwaffe, eigentlich hielt er sich für krisensicher, das hier war so völlig überraschend passiert.

Er war völlig überrumpelt worden, wollte sein Stück Kuchen zum Kaffee genießen, was sie gerade noch, vor zehn Minuten in der kleinen Dorfbäckerei gekauft hatten.

Das konnte doch alles nicht wahr sein, wo blieben die Rettungskräfte?

Er wusste, dass er die Axt am besten nicht bewegen sollte, in seinem Dienst in der Armee hatte er einige Erfahrungen mit Verwundungen gesammelt.

Eigentlich war der Wechsel zu der Wachgesellschaft als Vorruhestand gedacht, diese Stresssituation überforderte ihn völlig…

Er hatte den Kopf des Verwundeten im Schoß und betete

laut ein Ave-Maria…

In der Ferne hörte er Sirenen.

Gott sei Dank, Hilfe war unterwegs…

Lachend stolperte er den Dünen Weg entlang zu seinem Wagen, war das ein Spaß gewesen…

Das Gesicht des älteren Wachmanns, würde er nie vergessen, diese Panik in den Augen.

Er musste kurz stehen bleiben, lachen und laufen waren nach der körperlichen Anstrengung einfach zu viel für ihn.

Keuchend fasste er in seine Seite, wo sich ein stechender Schmerz bemerkbar machte.

Zum Wagen zurück und ab in seine Heimatstadt.

Nun wusste er, was ihm die heutige Nacht bieten würde.

Er fühlte sich befreit und hemmungslos, stark und unbesiegbar…

Heute würde er sich erneut ein Täubchen suchen, dem er das Leben aushauchen würde.

Es musste sein.

Seelig lächelte er auf dem letzten Stück des Weges vor sich hin.

Es war so weit, seine dunkle Seite hatte ihn komplett gefangen.

Das würde sein Weg ins Verderben werden…

## Kapitel 10 … Auf der Lauer …

Gegen Nachmittag zitierte ihn der Chef zu sich ins Büro. Schnaubend erzählte er ihm von dem verletzten Wachmann und dem demolierten Wagen.

Der junge Mann vom Wachdienst würde durchkommen, das Brustbein hatte die schlimmsten Verletzungen abgehalten.

Er lag im Klinikum und war schon wieder bei Bewusstsein.

„Lawyer, wir müssen ihn fassen. Er dreht durch, ich glaube, sein Bezug zur Realität hat sich endgültig verabschiedet. Er schlägt wild um sich, der gehört weggesperrt.

Heute Nacht müssen wir ihn fassen. Das wird ihn nicht befriedigt haben, er wird wieder morden!"

Der Chef fuhr sich durch seine borstigen grauen Haare, bevor er weitersprach.

„Du bist für Viola verantwortlich, lass sie nicht aus den Augen. Ich zähle auf dich. Diese Einsätze mit einem Lockvogel sind mir zuwider.

Ich habe mich nur darauf eingelassen, weil ich weiß, dass ich auf dich zählen kann.

Aber mir ist unwohl bei der Sache. Ich gebe euch noch vier Männer, heute Nacht seid ihr mit vierzehn Mann im Einsatz…

Fasst dieses blutrünstige Schwein endlich!"

Mit einem Nicken in Richtung seines Vorgesetzten, verließ der Anwalt wortlos das Büro.

Er würde zu Viola fahren, musste mit ihr reden.

Noch konnten sie den Einsatz abblasen.

Ihm selbst war auch nicht wohl dabei, dass sie ihren Kopf

hinhalten sollte. Was wäre, wenn der Irre es schaffte sie auszutricksen? Dieser Gedanke schoss durch seinen Kopf als er auf dem Weg zu seinem Wagen war.

Seine Eingeweide fühlten sich wie auf der Kirmes auf den Fahrgeschäften an.

Alles schlingerte in seinem Inneren.

Er hatte Magenkrämpfe und ihm war übel, an der nächsten Apotheke hielt er an und kaufte sich was für seinen nervösen Bauch.

Zurück im Auto, nahm er sofort eine Tablette. Sein Kopf pochte und in seinem Inneren rumorte es.

Dieser Einsatz war anders, als alle die er erlebt hatte.

Er war persönlich betroffen, er kannte die Zielpersonen zu gut, war ihnen zu nah.

Viola kannte er kaum und doch spürte er, dass etwas zwischen ihnen war, was über die Verbundenheit in der Einheit hinaus ging

Das Haus, in dem sie wohnte, war auf der Rückseite eines Bürokomplexes, er parkte den Wagen vor dem Eingang und stieg aus.

Was sollte er ihr sagen? Tu es nicht?

Sie würde nicht auf ihn hören, das wusste er.

An ihre Vernunft appellieren, das war seine einzige Chance.

Vielleicht würde sie dann umsichtiger handeln, sie mussten alle einen kühlen Kopf bewahren, sich auf ihre Instinkte verlassen.

Er hatte auch das Gefühl, dass es heute Nacht so weit war. Nicht nur weil sie so viele waren, sondern weil wie sein Chef es schon bemerkte, sich etwas geändert hatte.

Der Irre war unvorsichtig geworden, hatte auf offener

Straße einen Wachmann angegriffen.

Das zeigte, wie sehr er sich verändert hatte, wie sehr ihm die eigene Psyche entglitt.

Er drückte auf den Klingelknopf und bemerkte das Surren der Überwachungskamera über der Tür.

Gut, sie war vorsichtig, das erleichterte ihm sein Gespräch mit ihr.

Im Hausflur roch es nach Orangen, er nahm die zehn Stufen mit drei Schritten.

Sie stand in der Tür, trug eine Leggings und ein schlabberiges Shirt.

Ungeschminkt sah sie jünger aus, ihre Haare waren zerzaust.

Sie schien geschlafen zu haben. Er lächelte sie an als sie beiseitetrat, um ihn hereinzulassen.

Der Flur war komplett in fliederfarben und auch das Wohnzimmer war in verschiedenen Lilatönen gestaltet. Er grinste, strich sich mit einer lässigen Geste sein welliges Haar aus der Stirn.

„Deshalb Viola? Weil du lila liebst? Wie ist dein richtiger Name?“

Sie lachte: „Mein richtiger Name lautet Violetta, meine Eltern waren Fans der italienischen Oper.

Deshalb, naja, meine Vorliebe zu Lila gesellte sich dann dazu.

Vielleicht als Geburtsrecht!“

Sie lächelte, er konnte ihre Körperwärme fühlen, so nah stand sie bei ihm.

Er überragte sie noch um gut einen Kopf, obwohl sie für eine Frau schon eine beträchtliche Körpergröße hatte.

Sie war barfuß und er sah, dass auch ihre Fußrücken von

Tattoos verziert wurden.

Sie lehnte sich an ihn, dann legte sie ihre Arme um seine Hüften.

Einen Arm um sie geschlungen, hob er mit der anderen Hand ihr Kinn hoch und sah in ihre Augen.

Sie waren grün ohne die violetten Kontaktlinsen.

Ihre Haut war hell und samtig und die ungeschminkten Lippen, luden ihn förmlich ein sie zu berühren, aber er hielt sich zurück, sie erwiderte stumm seinen Blick.

Jetzt war der richtige Zeitpunkt, er musste versuchen ihr den Einsatz heute Nacht auszureden.

„Violetta, du musst das nicht tun!“ Er räusperte sich.

„Ich weiß, aber irgendeiner muss ihn stoppen. Das ist unsere beste Chance, das weißt du. Und wir sind viele. Ich glaube heute Nacht fassen wir ihn!“

Ihr Kopf lag an seiner Brust, während sie sprach, ihm wurde noch übler.

Es war nur der eine Kuss gewesen, und doch bedeutetet sie ihm schon mehr, als er es sich eigentlich eingestehen wollte. Er würde sie gerne wieder küssen, aber das wäre eine schlechte Idee momentan.

Sie sollte sich durch nichts ablenken lassen, nicht jetzt.

Der heutige Tag konnte die Entscheidung bringen.

Seine Arme schlossen sich fester um sie und er hatte das Gefühl, sie nie wieder loslassen zu wollen.

Sie stand regungslos an ihn gelehnt, er konnte ihre körperliche Anspannung spüren, doch sie sagte nichts.

Mit einem Kuss auf ihren Scheitel, verließ er wortlos die Wohnung.

Auf dem Weg zurück in die Zentrale, überfiel ihn diese kribbelnde Unruhe, die er immer hatte vor einem risikoreichen Einsatz.

Lange Zeit hatte er es sich nicht eingestanden, wie sehr ihm diese Spannung im Leben gefehlt hatte.

Er würde sie beschützen, es durfte ihr nichts passieren. Diese Nacht musste alles glatt gehen, er hatte das Vertrauen in ihren grünen Augen gesehen.

Um nichts in der Welt wollte er sie enttäuschen…

Zuhause gönnte er sich noch etwas Schlaf. Sein Kopf tat weniger weh und auch sein Magen hatte sich beruhigt. Seine innere Ruhe und Selbstsicherheit waren zurück.

Als er unter der heißen Dusche stand, lehnte er sich entspannt an die Kacheln und ließ den heutigen Abend vor seinen Augen ablaufen.

Die Gedanken kreisten.

Die Gasse, die sie überwachen mussten, war lang und dunkel.

Kein Patzer, niemand durfte sich ablenken lassen, alle mussten Viola im Auge behalten, sonst würde es in einem Chaos enden, das für sie tödlich sein konnte.

Er würde den Kollegen nochmal ins Gewissen reden, keine Handys, kein Essen oder Trinken, keine Pinkelpausen.

Das Risiko war groß, dass sie ausgetrickst wurden, der Irre würde auf der Hut sein, aber heute würde er den Fehler begehen, die falsche Frau zu begehren.

Das würde ihm zum Verhängnis werden.

Der Wahnsinn wiegte ihn in Sicherheit, auf dem Weg über die Autobahn in seine Heimatstadt zurück fantasierte er sich seine Mutter in ihrem roten Kleid herbei.

Dachte abermals an den Tag der Demütigung zurück, als

sein Vater ihn ausgelacht hatte.

Er ballte beide Hände am Lenkrad zu Fäusten, bis sich die Nägel schmerzhaft in sein Fleisch bohrten.

Warum nur, war alles im Leben so gekommen?

Für ihn war es schlecht gelaufen, alles was er im Leben angepackt hatte, war früher oder später zu Scheiße geworden.

Bei seinem Freund war alles zu Gold geworden, der ewige Goldjunge.

Wann hatte ihn der Hass so sehr übermannt, dass er nur noch morden wollte?

Er brauchte erst einmal Koks, damit er sich entspannen und fokussieren konnte.

Und eine halbe Stunde Schlaf, er spürte das Adrenalin von vorhin nicht mehr.

Anstelle der Anspannung, war eine bleierne Müdigkeit über ihn gekommen. Seine Arme und Beine wurden schwer, er würde anhalten müssen.

So konnte er nicht weiterfahren.

Also fuhr er auf den nächsten Rastplatz auf und stellte seinen Sitz in Liegeposition, er schloss seine Augen und sofort war seine Mutter wieder da.

Wie sie ihn in ihre Arme nahm und er sein Kindergesicht in ihr rotes Kleid vergrub.

Er sah das helle Haar, das ihr Gesicht einrahmte wie ein Heiligenschein, roch ihren Duft, nach Keksen und Blumen.

Immer hatten sie Kekse bekommen, wenn sie arbeitete. Sein Schlaf war unruhig und nicht tief, aber als er nach einer Stunde wach wurde, fühlte er sich erfrischt und ausgeruht.

Auf zu neuen Taten dachte er mit einem hämischen Grinsen. Gutgelaunt pfiff er ein Lied vor sich hin, als er den Rastplatz hinter sich ließ.

Gegen neun Uhr traf er am Bahnhof ein.

Aus dem Kofferraum holte er seine schwarze Jacke, mit der großen Kapuze.

Die konnte man tief ins Gesicht ziehen.

Er nahm die Walther aus dem Handschuhfach und schob sie hinten in den Hosenbund.

Dann bückte er sich und überprüfte den Sitz des Jagdmessers.

Das Funkeln der silbernen Klinge im Licht der Straßenlaterne heizte ihn auf.

Er fühlte die Erregung, die in der Luft lag, es wurde Zeit dass er sich Linderung verschaffte, um wieder zur Ruhe zu kommen.

Er war rastlos und es gab nur eines was ihm half…

Die Hände tief in den Hosentaschen vergraben, schritt er leichtfüßig auf den Eingang des Bahnhofes zu.

Seine gute Laune steigerte sich gerade ins Unermessliche. Aus dem Augenwinkel sah er das Plakat am Eingang, Viola Velvet…

Er blieb stehen und starrte das riesige Foto an.

Sie war es… Diese Frau musste er haben, sie würde ihm Linderung verschaffen, vielleicht würde durch sie alles gut werden.

Sein Hirn war so vernebelt, dass er sich einredete sie zu kennen.

Die Ähnlichkeit war so groß, die Haare, die Statur.

Sie konnte ihm helfen, seine inneren Dämonen zu besiegen, konnte ihm vielleicht sogar sagen, was er tun sollte.

Er brauchte eine Gefährtin, vielleicht könnte sie diejenige

sein?

Noch immer starrte er auf das Plakat, plötzlich wollte er nicht mehr töten, plötzlich wollte er jemanden, der ihm gehörte, nur ihm.

Er wollte auch jemanden haben, der ihn so liebte wie er war. So wie seine Mutter ihn geliebt hatte.

Mit all seinen Eigenarten, sie hatte über seinen Hang zum Sadismus hinweggesehen, hatte ihn beschützt und immer neue Ausreden erfunden.

Die einzige Frau in seinem Leben, die er geliebt hatte und sie hatte ihn auch geliebt, manchmal…

Ein Mann blieb neben ihm stehen und starrte mit ihm auf das Plakat.

Dann grinste er dreckig rüber und sagt zu ihm: „Die würde ich mir gern mal über den Riemen ziehen!“

So ein dreckiges Schwein, besudelte nicht das Ansehen seiner Mutter.

Das hatten schon so viele Männer getan.

Er würde sie beschützen, alles von ihr fernhalten.

Sein Körper spannte sich, Adrenalin schoss durch sein Hirn, jetzt…

Er ballte die Faust und schlug zu, krachend knallten dem Fremden die Fingerknöchel auf das Nasenbein.

Anschließend drehte er sich ruhig um und ging.

Die Dunkelheit verschluckte ihn sofort.

Fluchend presste der verletzte Mann die Hand vor sein Gesicht und torkelte zu seinem Wagen, fassungslos was im Bahnhofsviertel für Irre herumliefen, ließ er sich auf den Sitz seines Wagens sinken.

Dann griff er nach den Taschentüchern im Seitenfach, um das Nasenbluten zu stillen.

Er hörte nicht wie sich die Beifahrertür neben ihm leise öffnete und der Schnitt durch seine Kehle war so glatt, schnell und sauber ausgeführt, dass er keinen einzigen Gedanken mehr fassen konnte.

Beide Wagentüren wurden leise von außen geschlossen, blicklose, leere Augen starrten in den Himmel…

Viola hatte sich sorgfältig zurechtgemacht.

Das rote Kleid, darüber ein langer roter Ledermantel.

Ihre Haare hatte sie mit einer Klammer hochgesteckt, als Zeichen für den Zugriff hatten sie abgemacht, würde sie die Spange lösen und ihre hellen Locken ausschütteln.

Der Anwalt hatte nochmal mit allen Kollegen gesprochen, er war der Einsatzleiter und hatte unmissverständlich klargemacht, dass die Handys im Quartier blieben.

Essen, Trinken oder Pinkelpausen nicht stattfinden würden, bis der Einsatz vorbei war.

Sein Ton und die Härte in seinen Augen, hatten keinen Wiederspruch geduldet, die vierzehn Männer nickten alle schweigend.

Alle trugen unter ihren Jacken kugelsichere Westen, nur Viola nicht.

Er musste wieder eine Magentablette nehmen, als sie zu den dunklen Wagen des SEK im unteren Parkdeck liefen. Von den Männern war nichts zu hören, Violas Pfennigabsätze knallten auf dem Betonboden wie Gewehrschüsse in der Stille der Nacht.

Mit vier schwarzen SUVs verließen sie als kleine Kolonne das Parkhaus.

Viola saß hinten und er beobachtete sie im Rückspiegel. Sie wirkte konzentriert, aber gleichzeitig entspannt.

Schön, unnahbar und trotz der Bekleidung sah sie nicht billig aus.

Zu unverbraucht für den Straßenstrich entschied er, hoffentlich würde der ganze Schwindel funktionieren.

Aber sie mussten es versuchen.

Der Einsatz lief an, alles war vorausgeplant, jede Eventualität abgedeckt.

Vier der Männer waren Scharfschützen und würden sich auf den umliegenden Dächern einen guten Blickwinkel auf Viola sichern.

Es konnte nichts schief gehen und doch nagte etwas in ihm, was seinen Magen nicht beruhigen ließ.

Sein Bauchgefühl hatte ihn noch nie im Stich gelassen, seine Intuition war verlässlich.

Sie mussten auf der Hut sein. Er ahnte noch nicht, wie sehr dieser ganze Einsatz aus dem Ruder laufen sollte.

Schon vier Stunden später, würde das Ausmaß der Geschehnisse fatal sein…

Nachdem sie die Autos geparkt hatten, ging Viola über den Haupteingang in den Bahnhof, um zur rückwärtigen Gasse zu gelangen.

Lawyer und drei der Männer folgten in sicherem Abstand. Der Anwalt sah aus wie ein vergnügungssüchtiger Tourist, das bunte Basecap und die hellen Turnschuhe ließen ihn zehn Jahre jünger aussehen.

Seine drei Kollegen hinter ihm, machten ein auf laut und betrunken, pöbelten ein bisschen rum, wirkten wie auf einem Partyabend unter Freunden.

Die anderen Männer würden still und unauffällig Position beziehen.

Er fing leicht an zu schwitzen unter der kugelsicheren

Weste.

Die Pöbelei der Kollegen ging ihm jetzt schon auf die Nerven, aber es war eine gute Tarnung.

So konnten sie die Mädchen im Auge behalten am Strich und auch Viola zwischendurch anpöbeln, mit ihr reden, ohne groß aufzufallen.

Er selbst würde sich in ihrer Nähe aufhalten, sie nicht aus den Augen lassen.

Seine rechte Hand war in der Jacke, seine P99 gab ihm ein gutes Gefühl.

Für Außenstehende war die Anspannung nicht bemerkbar, Viola scherzte mit dem einen oder anderen Mann, der ihr entgegenkam.

Von ihrer verdeckten Ermittlerarbeit für das Drogenmilieu, kannten sie viele als GoGo-Tänzerin aus der Bar. Widerlich, dachte er bei sich.

Sie sollte so etwas nicht machen müssen, wenn der Einsatz hier vorbei war, würde er mit ihr sprechen.

Sollte sie sich in den Bereich der Wirtschaftskriminalität versetzen lassen, aber wie er sie kannte, würde sie sich sträuben.

Darüber mussten sie sich später Gedanken machen, im Moment blieb er an einem Schaufenster stehen und zündete sich eine Zigarette an.

Viola plauderte mit Ringo, einem der Türsteher aus der Bar.

Sie scherzte mit ihm und er legte den Arm um sie und drückte sie an sich.

Er verspürte einen Stich der Eifersucht auf den großen grobschlächtigen Kerl, der so nichtsahnend mit ihr schäkerte.

Sie machte das gut, es wirkte, als wenn sie in dieses Viertel hineingehörte, hier aufgewachsen war.

Alles wirkte so normal und ungezwungen.

Unauffällig beobachtete er das Treiben hinter sich in der spiegelnden Scheibe.

War da hinten ein Schatten, beobachtete sie dort jemand aus den dunklen Eingängen.

Leise sprach er: „Hinten rechts, die Eingänge überprüfen, dort ist es dunkel!“ Sofort löste sich eine torkelnde Gestalt aus dem Dreiergrüppchen und rief: „Bin mal pissen!“

Der Anwalt musste grinsen, sie nahmen ihre Rolle wirklich ernst.

Er hörte durch den hochempfindlichen kleinen Funksender in seinem Ohr: „Alles sicher!“

Der taumelnde Kollege tauchte wieder auf und schloss sich grölend seiner Gruppe an.

Die Gasse zum Straßenstrich kam in Sicht, Ringo geleitete Viola dorthin.

Er hatte noch immer den Arm um sie gelegt und langsam gingen sie auf den Glasausgang zu.

Der Anwalt und seine Männer hielten Abstand, mit Ringo war sie erst einmal sicher. „Alle auf Position?“

Seine Stimme war nunmehr ein Flüstern. Er hörte knacksende Geräusche in seinem Ohr.

„Team eins, sicher. Team zwei, sicher. Die Adler sind alle im Horst!“

Er musste grinsen, die Männer machten sich noch einen Scherz.

Na, wartete ab, wenn das hier vorbei ist.

Sein Chef hatte ihm in Aussicht gestellt, das Team weiter als Einsatzleiter zu führen.

Er hatte sich Bedenkzeit erbeten, wollte keinen Stress unter den Kollegen, da er noch nicht so lange wieder dabei war. Es sollte sich keiner übergangen fühlen, alle sollten einverstanden sein.

Nur so konnte es funktionieren.

Nun waren sie draußen in der Gasse.

Das Kopfsteinpflaster war glatt und nass glänzend.

Nebel waberte durch die kleine schmutzige Gasse, in der es nach Fäkalien und Unrat roch.

Die Laternen hier im hinteren Bereich waren immer kaputt und dunkel.

Sein Chef hatte für den heutigen Einsatz alle Laternen mit neuer Beleuchtung ausstatten lassen.

Er wollte nichts dem Zufall überlassen.

Ringo löste sich von Viola und mit einem Winken zum Abschied verschwand er in einem Hauseingang.

Der Anwalt beschleunigte seinen Schritt, um etwas näher an Viola heranzukommen.

Auch die Dreiergruppe holte auf.

Viola blieb an einer Laterne stehen und unterhielt sich mit einem der Mädchen.

Die war klein und dunkelhaarig und deutete auf Violas helle Haare.

Wild gestikulierend redete sie auf sie ein.

Er sah, dass Viola ihr beruhigend eine Hand auf den Arm legte.

Suchend blickte er die Gasse entlang.

15 bis 20 Mädchen und Frauen standen dort.

Keine hatte blonde Haare, er sah schwarz, braun, brünett und rot.

Violas heller Schopf leuchtete im Licht der Laternen, wie

ein Heiligenschein.

Die Frauen im Milieu hatten Angst, es hatte sich herumgesprochen, dass es einen Schlitzer gab, der Blondinen bevorzugte.

Alle Tageszeitungen hatten es als groß aufgemachte Titelstory gebracht.

Die sensationsgeilen Reporter hatten trotz der Bitte des SEK dem Zwang nicht widerstehen können, und die Story fett aufgemacht.

„Nuttenmörder, Nuttenschlitzer, Hurenkiller!“

Alles war dabei gewesen, manchmal hasste er die Medien, die Ermittlungen wurden oft zusätzlich erschwert durch falsche Berichte.

Sie brauchten endlich Erfolge, er sah, dass die Mädchen verunsichert waren.

Hier war um diese Zeit an einem Freitag mehr los, das wusste er von früheren Einsätzen.

Aber das würde sich später noch ändern, auch das wusste er mit Sicherheit…

Viola ließ sich schon im Auto ihre Nervosität nicht anmerken, irgendwie hatte sie seit ein paar Stunden ein ungutes Gefühl in der Magengegend.

Law musste es genauso gehen, er war heute Morgen bei ihr gewesen und hatte ihr noch einmal die Wahl gelassen, den Einsatz abzublasen.

Er war blass und wirkte fahrig, sie hatten sich in den Armen gelegen und sie hätte ihn gerne geküsst.

Aber der Zeitpunkt war nicht gut, Gefühle zu investieren vor einem gefährlichen Einsatz.

Später konnten sie das noch immer tun, sie hatte gespürt,

dass es ihm genauso ging.

Also hatte sie ihn gehen lassen, für den Moment war es besser so.

Die Zeit, wo sie sich annähern konnten, würde schon noch kommen.

Sie hatte sich sorgfältig zurecht gemacht, dann war sie zum Hauptquartier gefahren.

Er leitete den Einsatz, der Chef hatte ihr gegenüber schon die Andeutung fallen lassen, dass er ihn zum dauerhaften Einsatzleiter machen wollte.

Sie fand es eine gute Entscheidung, er war kühl, distanziert und trotz seiner persönlichen Verstrickung in dem Fall hatte er einen klaren Blick behalten.

Mit ihm an ihrer Seite, fühlte sie sich sicher.

So sicher man das in diesem Fall konnte.

Sie hatte heute Morgen die Presseberichte gelesen.

Warum musste immer alles so hochgepusht werden?

Jedes einzelne Mädchen tat ihr leid, niemanden war mit Panikmache geholfen.

Sie hatte bei ihrer Arbeit in der Bar, die Angst der Mädchen schon mitbekommen.

Einige besserten sich ihr Geld auf dem Strich auf, wenn das Trinkgeld beim Table Dance schlecht war.

Die Mädchen waren ihr ans Herz gewachsen, jede hatte ihre eigene Geschichte, ihr eigenes Schicksal.

Das Hereinrutschen in dieses Milieu, war immer von persönlichem Leid behaftet, niemand landete hier einfach nur aus Spaß an der Freud.

Sie selbst hatte angefangen zu ermitteln, weil irgendein Dealer seine Mädchen so abhängig gemacht hatte, dass sie sich verkaufen ließen.

Die meisten Mädchen wurden in die Arabischen Emirate verkauft, aber auch reiche Geschäftsleute schafften sich gern privat ein blutjunges Mädchen an, das alles mit sich machen ließ, um den nächsten Schuss zu bekommen.

Wenn sie zu alt, zu lästig oder zu krank wurden, entsorgte man sie entweder auf der Mülldeponie, wo sie dann meist nicht gefunden wurden und verstarben, oder man warf sie einfach an irgendeiner Straßenecke ab.

Da hatten sie wenigsten noch eine Chance.

Die meisten überlebten den Entzug eh nicht, der Körper und die Organe waren schon zu zerstört.

Sie war gut vorangekommen mit ihren Ermittlungen.

Zwei Schieber hatte sie mitsamt vier Dealern schon hochgehen lassen, der Kopf der Bande saß irgendwo mit diplomatischer Immunität in Russland.

Aber auch ihn würde sie irgendwie drankriegen.

Geduld, noch ein paar Wochen, dann konnte sie das alles hinter sich lassen.

Doch die Mädchen würde sie immer besuchen kommen und auch helfen, wo sie konnte.

Mittlerweile hatte sie so viele davon in ihr Herz geschlossen, dass sie ihr vorkamen, wie eine große Familie. Dieser Fall hier war ihr in die Quere gekommen, aber murrend hatte sie sich gefügt.

So hatte sie Law kennengelernt, vielleicht würde sie um Versetzung in seine Einheit bitten, wenn ihr Fall abgeschlossen war.

Die Überlegungen auf der Fahrt zum Bahnhof, rasten durch ihren Kopf.

Sie bemerkte, dass Law sie im Rückspiegel musterte, alle Männer wirkten angespannt.

Das hatte sie schon im Parkhaus bemerkt.

Die Luft war kalt und feucht, aber trotzdem wie statisch geladen.

Sie versuchte dem Blick des Anwalts im Rückspiegel auszuweichen und schloss die Augen.

Als sie am Bahnhof die SUVs abgestellt hatten, teilten sie sich auf.

Law und drei der Männer kamen mit ihr, die anderen wurden von der Dunkelheit verschluckt und verschwanden aus ihrem Sichtfeld.

Schnell gingen alle durch die Glastür und Viola erblickte gleich ein paar bekannte Gesichter aus der Table Dance Bar.

Sie grüßte locker und scherzte mit ihnen.

Die Männer hatten sich zurückfallen lassen und doch wusste sie, dass sie den Innenraum hier am Bahnhof taxierten und abschätzten.

Jeden Winkel ausspähten und die dunklen Eingänge der Ladenpassage kontrollierten.

Ringo, einer der Türsteher der Bar, kam auf sie zu und hatte Redebedarf.

Er war in eine der jungen Tänzerinnen verschossen und hatte Viola zu seiner Beichtmutter gemacht.

Seelenruhig hörte sie sich die Story seines Herzschmerzes an, er hatte den Arm um sie gelegt und begleitete sie auf ihrem Weg.

In den spiegelnden Schaufensterflächen sah sie ihre Kollegen, die sie nicht aus den Augen ließen.

Das Trio machte einen auf betrunkenen Junggesellenabschied und Law wirkte, wie ein Tourist, der sich den Bahnhof anschaute.

Jeden Ladeneingang taxierte er gründlich, als wenn er das Gefühl hatte, dass in den dunklen Eingängen das Böse lauerte.

Sie musste Lächeln, von der Gründlichkeit und der Beobachtung hing dieser Job ab.

Wenn sie nur einmal unaufmerksam waren, konnten sie schon etwas übersehen.

Also war es gut, dass sie so auf der Hut waren.

Ringo stieß die schwere Glastür auf und ließ ihr den Vortritt in die stinkende enge Gasse.

Sie war noch nicht oft hier gewesen und wenn nur bei Tageslicht.

Geradezu unheimlich wirkte das Kopfsteinpflaster auf sie. Wie im fernen London zu den Zeiten von Jack the Ripper. Ein kalter Schauer lief ihr über den Rücken, ihre Augen glitten die Gasse entlang.

Hinter sich hörte sie die leisen schmatzenden Geräusche der Turnschuhe auf dem nassen Kopfsteinpflaster.

Die angeblich betrunkenen Pöbeleien ihrer drei Kollegen, hallten in der Gasse wider.

Ringo verabschiedete sich und verschwand in einem der dunklen Hauseingänge.

Die waren, wie sie bemerkte, ein perfektes Versteck für jemanden, der auf der Lauer lag.

Aber sie sah schon, dass ihre Kollegen die Eingänge absuchten.

Law tat so, als wenn er an der Architektur der alten Backsteinhäuser interessiert war und die Kollegen täuschten vor, dass sie pinkeln oder sich übergeben mussten. Systematisch schauten sie auf beiden Seiten in jeden dunklen Eingang und versuchten sich abzusichern. Langsam stellten sich die feinen Härchen in ihrem Nacken auf.

Ihre kleine Waffe drückte im Stiefelschaft, aber sie zu spüren gab ihr Sicherheit.

Das Problem waren diese 10cm Absatz Stiefel, glatt auf dem Pflaster und schrecklich wackelig für einen Kampf. Aber die perfekte Waffe, wenn jemand erst einmal am Boden lag, musste sie sich schmunzelnd eingestehen.

Alle Laternen leuchteten, was bestimmt die letzten zwanzig Jahre nicht mehr der Fall gewesen war.

Sie ging herüber zu einem Grüppchen von mehreren Frauen, die unter einer Laterne standen.

Alle starrten auf ihre weißblonden Haare, die in der Gasse leuchteten.

Nur eine blieb stehen als sie auf die Laterne zuging, sie kannten sich aus der Bar.

Sie hieß Lilly, wobei das mit Sicherheit nicht ihr richtiger Name war.

In der Bar vor einer Woche, war Lilly noch blond gewesen, nun hatte sie ihre Haare gefärbt.

Sie schimmerten rotbraun.

Die Angst der Frauen war größer, als sie sich eingestanden. Lilly packte sie am Arm und sagte mit hoher aufgeregter Stimme: „Vi, das ist doch nicht dein Ernst? Hier rennt irgend so ein Verrückter herum, der auf hellblonde Frauen steht, und du leuchtest die ganze Straße entlang, wie ein Heiligenschein. Vi, wenigstens eine Mütze hättest du aufsetzen können, Bitte, wir sind Freundinnen. Ich kannte Roxy, ich will nicht, dass dir etwas passiert!“

Ihre Stimme war ein Flehen, Viola legte ihr besänftigend die Hand auf den Arm und sagte leise mit einem Kopfnicken in Richtung des Touristen: „Ich bin nicht allein, alles gut. Er passt auf uns auf. Hab keine Angst!“ Sie sagte ihr nicht, dass noch mehr Männer hier waren und auf sie aufpassten.

Dann würde ihre Tarnung auffliegen und sie könnte sich nie wieder wie ihresgleichen unter ihnen bewegen.

Sie wusste, dass in den dunklen Eingängen noch einige ihrer Kollegen auf der Lauer lagen, vier auf dem Dach.

Mit dem Heckler & Koch G 29 Scharfschützengewehr im Anschlag.

Sie fühlte sich sicher.

Viola stellte sich unter die dritte Laterne in der Gasse und lehnte ihren Rücken an den Mast.

Noch war wenig Publikumsverkehr, das würde sich in einer guten Stunde, wenn es auf 24 Uhr zu ging, ändern. Dann kamen diejenigen aus den Bars, die sich Mut antrinken mussten, um zu den Mädchen zu gehen.

Dann würde es rummelig werden.

Das Warten begann…

Der Anwalt sah die dunklen Hauseingänge in der Gasse und sofort orderte er leise an, mit der Überprüfung der Eingänge zu beginnen.

Er wusste, dass das zweite Team, das schon erledigt hatte, noch bevor Viola in der Gasse angekommen war.

Trotzdem hatte er das Gefühl, dass irgendetwas nicht richtig lief.

Der Wind war kalt und er begann zu frieren.

Unwillkürlich schaute er zu Viola herüber, sie stand lächelnd an den Mast der Laterne gelehnt.

Er konnte ihren Atem als kleine Wölkchen sehen.

Team Zwei meldete, dass alles ruhig war, und die Adler

meldeten freie Sicht.

Er schmunzelte über den Begriff Adler, die Männer machten sich gerne einen Scherz damit.

Aber eigentlich war hier niemand von ihnen zum Scherzen aufgelegt.

Die Glastür am Ausgang des Bahnhofs wurde aufgestoßen und sofort spannte sich sein Rücken an.

Eine große Gruppe japanischer Touristen bewegte sich als wackelndes Knäul in die Gasse.

„Scheiße, auch das noch. Haltet die Augen offen!“

Sein Ton war scharf, als er leise in das hochempfindliche Mikro sprach.

Mindestens dreißig Männer asiatischer Abstammung strömten die Gasse entlang auf die Mädchen zu.

Einige der potenziellen Kunden grölten ein Lied, das er nicht verstehen konnte.

Er hörte die Kollegen vom Dach in seinem Ohr.

„Das ist ja hier wie nach einem Hafeneinlauf der Marine. Wir haben keine genaue Zielmöglichkeit bei Vi, geh näher ran, Law! Behalt sie im Auge!“

Er sah, dass das Team Zwei, das betrunkene Trio, sich schon um Viola gescharrt hatte und sie in eine Preisverhandlung verwickelte.

Sie schirmten zu dritt ihren Körper ab und trotz ihres Palavers sah er, dass sie sich genau die Asiaten ansahen. Jeder einzelne wurde gemustert.

Eine gute Truppe hatte er hier unter sich.

Er war froh, dass alle Männer auf der Hut waren, keiner vergaß, was oberste Priorität war:

Der Schutz von Viola…

Angestrengt versuchte er alle Einzelheiten in der dunklen

Gasse zu sehen.

Mittlerweile war es nach 24 Uhr und es wimmelte von Menschen auf dem nassen Kopfsteinpflaster.

Ein feiner Nieselregen hatte eingesetzt, gepaart mit heftigen Windböen.

Aber das hielt die vergnügungssüchtigen Freier nicht ab, sich ein Mädchen auszusuchen und schmutzige Lieder zu singen.

Viola war noch immer mit seinen drei Kollegen im vermeintlichen Handelsgeschäft, man wurde sich nicht einig.

Jetzt waren Pärchen in den dunklen Eingängen, der Geräuschpegel wurde immer lauter, die Gasse immer voller.

Seine Unruhe wuchs, sein ungutes Bauchgefühl verstärkte sich.

Er fühlte leichten Brechreiz in sich aufsteigen, als ein Knacksen in seinem Ohr zu hören war.

„Wir verlieren hier den Überblick, links von Viola an der Hauswand, schwarze Kapuze, ich kann kein Gesicht sehen. Geh näher ran, geht näher ran… Das könnte er sein, geht ran!"

Die Stimme war fast panisch.

Die Meldungen vom Team auf dem Dach wurden lauter. „Kein freies Sichtfeld, keine freie Schussbahn. Zu viele Zivilisten, geht näher ran!"

Ein Raunen ging durch die Menschenmenge in der Gasse, eine Frau schrie; „Am Eingang haben sie jemanden aufgeschlitzt! Der Schlitzer ist hier…!"

Hektisch bewegte sich die Menge auf den Hintereingang zu, da kam vom Dach die Nachricht: „Zugriff, er muss es sein. Direkt hinter Viola, Zugriff!"

Drei Schritte, er stand einen Meter von Viola entfernt, sie

hatte die Hände hochgehoben, seine drei Kollegen gingen langsam rückwärts, zeigten ihre Hände.

Schweiß brach aus allen Poren bei ihm aus, Angst, Panik…

Er hatte versagt, vor seiner Nase war es passiert…

„Könnt ihr schießen? Habt ihr ihn im Visier?“

Vier Meldungen, alle gleich: „Negativ!“

Er hatte seine Hand in der Jacke, die Waffe halb gezogen, aber Violas blasses Gesicht sagte ihm, dass er kein freies Schussfeld hatte.

Nur den Rand der schwarzen Kapuze sah er, der Angreifer wurde komplett von Viola verdeckt.

Da sie die Hände erhoben hatte, nahm er an, dass sie die Mündung einer Waffe hinter sich am Körper spürte.

Dieses irre Schwein hatte den Moment genau abgepasst, hatte sie alle ausgetrickst.

Blitzschnell überlegte er, zu viele Menschen für einen Schusswechsel.

Leise sprach er ins Mikro: „Versucht ihn ins Visier zu kriegen, egal wie.

Er darf uns nicht entwischen.

Aber nur wenn es 100 Prozent sicher ist, Viola darf kein Haar gekrümmt werden!“

Sie stolperte gerade auf den Gasseneingang zu, halb gezogen von ihrem Angreifer, die Hände noch immer auf Schulterhöhe, er sah die Ruhe in ihren Augen.

Sie hatte keine Angst, das konnte er sehen.

Dafür war seine Angst umso größer, begann sich in einen Anflug von Panik zu manifestieren.

.Gleich würde er sich übergeben müssen, er würgte und

versuchte zu schlucken.

„Lasst ihn nicht entwischen, nicht mit ihr!“

„Noch immer negativ!“, meldete sich das Team des Daches.

Er musste ihn gehen lassen, die Gefahr für sie war zu groß.

„Seht zu, dass ihr ihn im Auge behaltet, Team Zwei zu den SUVs, ihr wisst, wie er aussieht. Verliert ihn nicht aus den Augen!“

Langsam bewegte er sich hinter den beiden her.

Sein Dreier-Team war schon verschwunden, auf dem Weg zu den SUVs.

Die Kollegen von oben würden beobachten, wo er hinging. Von den Scharfschützen auf dem Dach, konnte die Zielperson nichts wissen.

Sein Magen beruhigte sich allmählich wieder.

Er ließ Viola nicht aus den Augen.

Seine P99 in der Hand unter der Jacke.

Bei Gott, er würde nicht zögern und diesem Monster direkt zwischen die Augen schießen, wenn er die Chance dazu hatte…

## Kapitel 11 … Mutterliebe …

Dieses perverse Schwein hätte seinen Mund halten sollen, dann wäre er jetzt noch am Leben.

Das hatte ihm keinen Spaß gemacht, es war notwendig gewesen.

Jeder, der seinem Eigentum zu nahekam, musste weg. Keine despektierlichen Sprüche oder Witze, das duldete er nicht.

In der Schule hatte er schon alle verkloppt, die seine wunderschöne Mama nur blöd angeschaut hatten.

Immer wieder hatte er seinem Vater den Tod gewünscht, wenn seine Mutter Schlag um Schlag einstecken musste. Diese fantastische Frau, die jetzt wie durch ein Wunder wieder bei ihm war.

Der Rest seines klaren Verstandes war verschwunden, aber das bemerkte er nicht.

Das Fehlen jeglicher Logik, gehörte zum Verschwinden seines normalen Denkens dazu.

Er lehnte am Seiteneingang des Bahnhofs, er musste in den Club, musste sie finden.

Sie würde ihm verzeihen, sie würde ihn umarmen und alles wäre wieder gut.

Immer hatte sie ihn beschützt und Auswege gefunden, wenn er wieder einmal über die Stränge geschlagen hatte. Wenn er sie erst wieder hatte, dann würde der Erfolg in seinem Leben sich von selbst einstellen.

Dessen war er sich sicher, es würde aufwärts gehen und dieses Kapitel seines Lebens konnte er dann getrost wegsperren.

Wie schon einige Erlebnisse, die er tief in seinem Inneren

vergraben hatte.

So tief, dass sie nur manchmal wieder an die Oberfläche kamen.

Sein Blick war wirr und er murmelte vor sich hin.

Keinen einzigen Fleck hatten seine Hände oder seine Jacke abbekommen, als er diesem Wichser den Hals durchgeschnitten hatte.

Er schaute lächelnd an sich hinunter, das hatte er gut gemacht.

Man wollte ja nicht auffallen.

Alle Rachegedanken waren aus seinem Inneren verschwunden.

Der Hass, der viele Zorn.

Alles war verloschen, gehörte der Vergangenheit an.

Hätte man ihn jetzt nach seinem Namen gefragt, er würde ihn nicht nennen können.

Abgedriftet in seine eigene Fantasiewelt, schlurfte er auf den Bahnhof zu.

Niemand beachtete ihn um diese Zeit.

Der alte Bahnhof war immer voll mit Junkies, Dealern, Nutten, Touristen und Vergnügungssüchtigen.

Unbemerkt schlenderte er durch die Geschäftspassage, schaute sich die Auslagen hinter dem Glas an.

Hier hing noch ein Plakat von Viola, er blieb stehen und starrte bewundernd auf diese schöne Frau.

In seinen Augen, das wunderbarste Wesen auf dieser Welt. Er wirkte eher wie ein Schwachsinniger, die ganze Mordlust war mit einem Mal verschwunden.

Aber er war wie eine hochexplosive Bombe, in Sekunden konnte sich alles schlagartig wandeln.

Als ihm jemand auf die Schulter klopfte, drehte er sich

blitzartig um, war auf der Hut.

Sein Körper hatte eine lauernde Haltung angenommen und seine Arme spannten sich.

Es war der Dealer, bei dem er schon ein paar Mal Koks gekauft hatte, der ihn fragend anschaute.

Er nickte und zog einen 200 Euro Schein aus der Hosentasche.

Wortlos grapschte der Mann gegenüber den Schein, drückte ihm ein kleines Glasfläschchen in die Hand.

Dann war er wieder allein.

Sein Gesicht im Spiegelbild der Schaufensterscheibe, schraubte er den Verschluss auf und hielt sich die Öffnung an sein Nasenloch.

Jede Seite einmal, er brauchte keine Lines ziehen.

Er kannte die Menge, die er inhalieren musste, um einen klaren Kopf zu bekommen.

Tief sog er das Pulver ein und die Wirkung machte sich sofort bemerkbar.

Voller Euphorie, machte er sich auf den Weg in die Table Dance Bar.

An der Bar angekommen, blickte er einem Türsteher ins Gesicht.

Der musterte die zerschlagenen Gesichtszüge seines Gegenübers, ließ sich nichts anmerken.

Die beiden Männer waren gleichgroß und gleichbreit.

Hier fiel man nicht auf, wenn man demoliert aussah.

Jeden Abend gab es Prügeleien unter Betrunkenen oder Gästen, die etwas zu forsch zu den Mädchen waren.

Der Türsteher, Ringo, sprach ihn direkt an: „Heute ist es voll, ein anderes Mal vielleicht?“

„Ich will Viola Velvet sehen!“

Ringo musterte ihn erneut von oben bis unten und sagte mit einem richtungsweisenden Arm: „Die ist heut am Strich, da kannst du sie sehen! Es wimmelt da vor Bullen, weiß auch nicht warum. Überleg dir, ob es das wert ist!“ Ein vielsagendes Grinsen deutete auf sein Gesicht.

Hätte Ringo geahnt, was er damit auslösen würde, wären die folgenden Geschehnisse anders ausgegangen. Ausgerechnet Viola, die er liebte wie seine Schwester.

Er hätte dem Irren hier und jetzt das Herz herausgerissen.

Sein Körper war sensibilisiert vom Kokain, er sah alles klar und deutlich vor sich.

Sein Leben an ihrer Seite, alles würde wieder normal werden.

Schnellen Schrittes ging er zum Hintereingang des Bahnhofes.

Der Wind brannte in seinem Gesicht und er zog die Kapuze tiefer in die Stirn.

Gleich würde er sie sehen und sie anfassen können, Vorfreude machte sich in ihm breit, eine Freude, die er längst verschüttet geglaubt hatte.

Er leckte sich über die immer noch geschundenen Lippen. Die Schusswunde in der Schulter spürte er schon lange nicht mehr, aber sein Gesicht war noch immer wund und gezeichnet von zwei Kämpfen.

Das alles schob er aus seinen Gedanken fort, er musste vorsichtig sein, warum auch immer hier die Bullen waren, vielleicht auch, weil sie ihn suchten.

Er war der Schlitzer, so hatten ihn die Reporter getauft. Nicht ohne Stolz, hatte er alle Artikel in den Tageszeitungen über sich selbst verschlungen.

Gerne hätte er ihnen erzählt, dass er seine Candy und auch Roxy geliebt hatte, dass sie etwas Besonderes für ihn gewesen waren.

Ihm ein Geschenk machten, das Gefühl der Unbesiegbarkeit, das war ihr Geschenk an ihn gewesen.

Nancy-Lou, durch sie war er erst auf den Geschmack gekommen...

Nun ja, das würde er alles Viola erzählen, sie würde ihn verstehen.

Ihn lieben, er war unbesiegbar, er war Gott, glaubten sie allen Ernstes, sie konnten einen Gott fangen?

Er lachte leise in sich hinein, dann ging er mit einem Rudel schlitzäugiger Touristen durch die Glastür.

In der Gasse war es rummelig, er sah ihr Haar von weitem leuchten.

Wie ein Heiligenschein... Madonna-Hure... Er musste sie besitzen, er wollte in ihren Armen liegen und geliebt werden.

Er war nur ein Junge auf der Suche nach Liebe.

Um sie herum standen drei Männer, die große Reden schwangen.

Die Bullen roch man schon von weitem, wie dämlich sie waren.

Er grinste leise in sich hinein und zog seine Walther aus dem hinteren Hosenbund.

Sein völlig vernebelter Verstand nahm an, dass sie Viola als Lockvogel missbrauchten, deshalb scharwenzelten sie so um sie herum.

Diese Schweine, feige Schweine waren sie alle miteinander.

Aber er würde sie austricksen, würde Katz und Maus mit ihnen spielen.

Lange noch würden sie an ihn denken und an seine Unbesiegbarkeit.

Er ließ sich mit der Touristenmenge auf die Laterne zutreiben, an der sie lehnte.

Mit einem Schritt stand er hinter ihr und presste die Mündung der Waffe in ihren Rücken. Dann zischte er:

„Kein Schritt näher oder ich erschieße sie!"

Er hoffte, dass sie keine Angst hatte, aber sie kannte ihn ja, sie wusste er würde ihr nichts tun.

Er bemerkte seinen Irrsinn nicht, seine Gedanken waren in einer anderen Welt.

Es amüsierte ihn, in die dummen Visagen der drei hünenhaften Männer zu schauen.

Gott, die Spezialeinheit roch man bei ihnen aus jeder Pore. Hämisch lachte er laut auf, er hatte sie ausgetrickst…

Viola war unruhig, schon seit dieser Einsatz begonnen hatte. Sie verspürte keine Angst aber eine Vorahnung, dass irgendetwas schief gehen würde.

Eigentlich hatten sie versucht, sich gegen alle Eventualitäten zu wappnen, Scharfschützen auf dem Dach und die Gasse war hell erleuchtet, wie noch nie.

Es waren genug Kollegen vor Ort, aber dennoch nagten Zweifel in ihr…

Die Gasse war voll und das zweite Team belagerte sie regelrecht, ließ niemanden nah an sie heran.

Sie konnte Law wenige Schritte entfernt von sich sehen, wie er jeden in der Gasse musterte, aber es war voll, laut und ein Gedrängel um die einzelnen Laternen, wo sie und die Mädchen sich befanden.

Die Horde asiatischer Touristen machte es nicht gerade besser.

Jetzt war auch die Zeit wo die üblichen Betrunkenen aus den Clubs kamen, ihr Adrenalinspiegel stieg, je mehr sich die Gasse füllte.

Als plötzlich ein Schrei aus dem vorderen Bereich der Vergnügungsmeile kam, waren alle abgelenkt.

Viola drehte sich um, weil sie sehen wollte, was passiert war, ein Bruchteil einer Sekunde waren auch ihre Kollegen abgelenkt…

Das nächste, woran sie sich erinnern konnte, war, dass etwas gegen ihre Wirbelsäule gedrückt wurde.

Sie ahnte, dass es die Mündung einer Waffe war, was sollte es sonst sein?

Er hatte es tatsächlich geschafft, trotz der Bewachung und drei Kollegen, die sie umringten, hatte sie eine Waffe im Rücken.

Laws Gesicht ihr gegenüber war kreidebleich unter dem Basecap geworden, sie sah die Angst in seinen Augen. Angst um sie…

Sie bemerkte, dass ihre drei Kollegen um sie herum fieberhaft überlegten, zwei davon hatten die Hände an der Waffe, als hinter ihr leise gezischt wurde:

“ Keinen Schritt näher oder ich erschieße sie!“

Sofort zeigten die drei Männer ihre Handflächen, traten einen Schritt zurück.

Mit jeder Sekunde wurde sie ruhiger, jetzt musste sie klug und überlegt handeln.

Keine Kurzschlussreaktion, sie hoffte, dass die Teams sich auch daranhielten.

Eine Schießerei konnten sie hier nicht riskieren.

Zu groß das Risiko, dass ein Zivilist verletzt wurde.

Sie atmete tief durch und spürte ihren Puls in den Halsschlagadern.

Wenn sie versuchen würde, an ihre Waffe zu gelangen, hatte sie nichts mehr für den Überraschungsmoment, sie entschloss sich zu warten, zu sehen, was er vorhatte.

Wie er agieren würde, dann konnte sie sich anpassen und überlegen, wie sie weiter handeln wollte.

Im Moment war lautes Gezeter in der Gasse und die Menschen strömten auf den Hintereingang des Bahnhofs zu, sie konnte nur bruchstückhaft erfassen, worum es ging. Irgendjemanden war die Kehle aufgeschlitzt worden, war es eine Finte?

Täuschung oder echt?

Zutrauen würde sie ihm alles, wer es geschafft hatte, sie in dieser überfüllten Gasse in seine Gewalt zu bringen, würde vor nichts zurückschrecken.

Er hatte mit festem Griff ihren Unterarm in der Hand und zog sie rückwärts Richtung Ausgang.

Die Menge riss sie mit und niemanden fiel es auf, dass sie eine Waffenmündung im Rücken hatte.

Law bewegte sich seitlich des Pulks und ließ sie nicht aus den Augen, sonst konnte sie keinen der Kollegen erkennen. Sollte sie es drauf anlegen und ihre Waffe ziehen, oder sollte sie abwarten?

Sollte sie sich fallen lassen und einen Sturz vortäuschen? Als ob der Verrückte ihre Gedanken lesen konnte, legte sich ein Arm schmerzhaft um ihre Taille und sie spürte jetzt die Mündung der Waffe in ihrer Seite.

Der Arm umspannte sie wie eine Klammer, wie ein

Eisenring, der ihr den Atem nahm.

Sie verwarf den Gedanken mit dem Sturz sofort, sie würde ihm folgen.

Ihr Blick starr auf Law gerichtet, versuchte sie zu erkennen, was die Truppe vorhatte.

Wollten sie ihn kampflos mit ihr ziehen lassen?

Sie hob beschwichtigend die Hände, um dem Team zu signalisieren, dass sie okay sei, aber langsam dämmerte ihr, dass nichts gut war.

Der Adrenalinstoß war abgeklungen und erst jetzt begriff sie, dass sie trotz aller Vorsichtsmaßnahmen in der Gewalt eines irrsinnigen Mörders war.

Sie stolperte umschlossen von seinem unnachgiebigen Arm durch die Bahnhofsvorhalle und versuchte, sich die Einzelheiten ihrer Ausbildung in der Spezialeinheit ins Gedächtnis zu rufen.

Letzten Endes war eine gestellte Situation nicht mit der wirklichen Gefahr zu vergleichen und ihr Kopf fühlte sich plötzlich leer an. Leer und müde…

Das konnte ihr letzter Einsatz in der Truppe werden, schoss es durch ihre Gedanken.

Der Chef würde toben, Law würde die Schuld für diesen vermasselten Einsatz bekommen.

Er tat ihr leid, sie hatte die Angst um sie in seinen Augen gesehen, sie hätte ihn gerne getröstet, ihm die Schuld genommen.

Es waren unglückliche Umstände gewesen, eine Reihe von Geschehnissen, die keiner hatte vorausahnen können. Dumm gelaufen, hätte ihr damaliger Ausbilder gesagt. Plötzlich fand sie sich vor dem Bahnhofsgebäude auf der Straße wieder, so in ihre Überlegungen und Gedanken vertieft, dass sie nicht mitbekam, wie er sie durch die Bahnhofspassage geschliffen hatte.

Ein Schutzmechanismus des Gehirns, damit sie keine Panikattacke überkam.

Keiner ihrer Kollegen war zu sehen, auch Law nicht.

Sie fühlte sich allein und schutzlos, aber sie war nicht hilflos.

Eine Waffe hatte sie bei sich, und sie würde nicht zögern diese zum richtigen Zeitpunkt einzusetzen.

Auf der Straße wimmelte es von Polizisten in Uniform, drei blinkende Streifenwagen, zwei Rettungswagen und die Gerichtsmedizin.

Viola erkannte verschiedene Gesichter unter ihnen aus vergangenen Einsätzen.

Niemand beachtete sie, die Menge drängelte sich um das mit Flatterband abgesperrte Areal und versuchte, einen Blick zu erhaschen.

Bei so einem Aufgebot, das wusste Viola, würde es eine Leiche geben.

Also keine Finte, sondern wieder ein Opfer, was auf sein Konto ging.

Das dritte Todesopfer dieses Monsters.

Plötzlich spürte sie, dass der Arm sie losgelassen hatte, sie stand frei in der Menge und wurde durch die Gegend geschubst.

Hektisch wirbelte sie herum und blickte in das Gesicht des Anwalts.

Um sie herum Touristen und Schaulustige, eine wogende Masse von Stoff und Körpern.

Er hatte beide Arme um sie gelegt und führte sie aus der Menge, dabei sprach er unaufhörlich in das Mikro.

„Riegelt alles ab, kein Auto darf hier heraus, alle Eingänge sperren, so dass er nicht zurück in den Bahnhof kann! Was seht ihr vom Dach aus, könnt ihr ihn sehen? Mein Gott, wo kommen die ganzen Menschen um diese Uhrzeit her?“

Dann zu Viola gewannt:

„Es ist vorbei, er hat dich gehen lassen, er wäre hier nicht lebend herausgekommen, das wusste er. Viola, hörst du mich, es ist vorbei!“

Er sah sein Team und winkte vier Männer heran.

„Bringt sie zum Auto und lasst sie nicht aus den Augen.“

Viola fügte sich, während Law sich bei der Einsatzleitung der Polizei zum Sachverhalt informierte.

Warum hatte der Verrückte sein Tatmuster geändert, was hatte dieser völlig unbeteiligte Mann getan, um so einen Zorn in dem Monster zu entfachen?

Er zweifelte keine Sekunde daran, dass die Tat auf das Konto des Irren ging.

Dieser Mann hatte laut Information nur seine Familie zum Bahnhof gebracht und war zurück zu seinem Fahrzeug gegangen, wo ihn der Täter überrascht haben musste. Warum war das Nasenbein des Opfers gebrochen?

Dann erst wurde ihm mit einem sauberen Schnitt die Kehle im Fahrzeug durchtrennt.

Das Rinnsal des Blutes aus der Wagentür, hatte einen Passanten die Tat entdecken lassen.

Was war hier passiert?

Warum wurde ein harmloser Familienvater, der nicht im Vergnügungsmilieu gewesen war, zum Opfer eines Killers, der sich nur Prostituierte mit blondem Haar aussuchte? Nachdem er sich den Tatort und das Opfer genau angesehen hatte, verließ er den Schauplatz des Verbrechens und machte sich auf zu den SUVs des SEK.

Der Bahnhofsvorplatz wimmelte noch immer von Gaffern und Neugierigen, obwohl die Leiche schon abtransportiert war und ein Abschleppwagen das Fahrzeug des Opfers verlud…

Kopfschüttelnd kehrte er der Szenerie den Rücken.

Dumpf brütend, lief er zu den SUVs der Einheit, der Ärger über sich selbst hielt ihn gefangen.

Hass, den er langsam nicht mehr zügeln wollte, machte sich in ihm breit.

Dieses Arschloch machte sich über sie lustig, sie hatten ihn vollkommen unterschätzt, waren so konzentriert auf sein Opferbild gewesen.

Keiner von ihnen war auf den Gedanken gekommen, dass mittlerweile keine vernünftigen Gedanken mehr im Kopf dieses Irren kreisten.

Er ballte die Hände in den Taschen zu Fäusten und dachte an seinen Freund, an all die Situationen und Gefahren, die sie geteilt hatten in den letzten Wochen.

Wenigstens waren er und seine Gefährtin aus der Schusslinie.

Sie würden umdenken müssen, er würde versuchen sich in die Lage dieses von Wut und Mordlust gesteuerten Monsters zu versetzen.

Am Auto angekommen, stieg er hinten zu Viola auf die Rückbank.

Alle schwiegen als der Motor ansprang.

Er legte vorsichtig seinen Arm um sie und zog sie zu sich heran.

Ihr Gesicht war hart, sie verzog keine Miene und blickte

starr geradeaus.

Er spürte ihre Körperwärme, sie hatte sich an ihn gelehnt. Nichts außer das Motorengeräusch war zu hören.

Alle vier Wageninsassen hingen schweigend ihren Gedanken nach, während der schwere Wagen durch die menschenleeren Straßen der Nacht jagte.

Im Hauptquartier des SEK angekommen, hingen noch immer alle ihren Gedanken nach.

Die Scharfschützen waren schon gegangen, nur noch der harte Kern der Mannschaft lungerte vor dem Büro des Chefs rum.

Law stellte sich sofort dem drohenden Sturm und betrat nach einem kräftigen Klopfen das vollgequalmte Zimmer.

Nach einem kurzen Lagebericht, folgte ein Zornausbruch seines Vorgesetzten, der sie alle als unfähige Stümper und Weicheier bezichtigte.

Schweigend und mit gesenktem Kopf, ließ er die berechtigte Standpauke über sich ergehen.

Sein Chef hatte recht, sie alle waren zu fixiert auf die vorherigen Morde gewesen.

Mit einem Kopfnicken, verließ er mit hängenden Schultern den Raum und zog die Tür von außen hinter sich zu.

Die Kollegen draußen berührten alle im Vorbeigehen seine Schulter, der ein oder andere nickte und Viola ergriff das Wort, als er schon an der Tür des Aufzugs stand.

„Keiner von uns sieht dich als den Schuldigen, wir haben alle zusammen Mist gebaut, und sollten nach ein paar Stunden Schlaf morgen noch einmal alles mit ausgeruhten Augen betrachten!“

Mit diesen Worten, die an ihn gerichtet waren, kam sie

auf ihn zu und legte besänftigend eine Hand auf seinen Arm, als die Aufzugtüren leise surrend aufglitten, betrat sie gleichzeitig mit ihm die Kabine.

Als die Türen sich geschlossen hatten, legte sie ihre Arme um seine Mitte und blickte in seine Augen, mit den hohen Absätzen waren sie fast gleichgroß.

„Küss mich!“ flüsterte sie.

Er nahm ihr Gesicht in seine Hände und schaute in ihre schönen Augen.

Dann berührten seine Lippen sanft ihren Mund und mit aller Leidenschaft und Wut in sich, versanken sie beide in einen verzehrenden Kuss, der ihrer beider Lippen wie Feuer brennen ließ.

Law presste sie an die Wand des Fahrstuhls und seine Hände brannten auf ihrer Haut, als er den Rock des kurzen Kleides hochschob und ihren Slip an die Seite zog.

Sie legte den Kopf in den Nacken und zog scharf den Atem ein, als sie seine Finger in ihrem feuchten Schoß fühlte.

Mit der anderen Hand zog er das Oberteil ihres Kleides herunter und suchte ihre harten Brustspitzen.

Seine Lippen fuhren ihren Hals entlang und seine Zunge glitt über ihre tätowierte Haut.

Der Aufzug war mittlerweile unten angelangt und die Türen hatten sich leise geöffnet.

Gespenstisch lag das dunkle Parkdeck wie ein schwarzes Loch hinter der Tür.

Hier unten schien die Welt still zu stehen und zeitlos zu sein.

Kein Laut war zu hören außer ihrer beider Atem.

Die Nacht war kalt und ihre Körper erhitzt.

Violas kehliges Stöhnen hallte durch das leere Parkhaus, vergessen war der verpatze Einsatz.

Beide, völlig elektrisiert von der sexuellen Spannung zwischen ihnen, nahmen die Welt um sie herum nicht mehr wahr.

Ihre Hände wühlten in seinem weichen Haar und ihr Unterleib brannte mittlerweile lichterloh.

Nur eines kreiste in ihrer beider Köpfe, die Wut und die Frustration des Abends zu vergessen und in eine Welt zu versinken, die nur sie gemeinsam teilten.

„Fick mich!" stöhnte sie leise, und ihre Finger hatten seine Gürtelschnalle geöffnet und zerrten an seinem Reißverschluss, ihr Bein hatte sich um seine Hüfte geschlungen.

Er öffnete seine Hose mit einem hastigen Griff und umfasste ihren kleinen Hintern mit beiden Händen.

Dann hob er sie an die Wand der Liftkabine gelehnt hoch und ihre Schenkel klammerten sich um sein Becken.

Als er mit einem Ruck in ihren Schoss eindrang, schrie sie auf und schloss die Augen.

Ihr Mund suchte seinen Mund und biss in seine Unterlippe, er schmeckte sein eigenes Blut.

Hart fühlte sie seine Hände an ihren Arschbacken und seine Stöße wurden heftiger.

Ein verzehrendes Feuer machte sich in ihrem Unterleib breit und sie konnte den Punkt der Erlösung nahen fühlen, ihr Schrei hallte durch das Parkhaus, als beide gleichzeitig in ihrer Welt der Lust versanken.

Am nächsten Morgen regnete es in Strömen, die Tropfen knallten hart auf den Asphalt und ein scharfer Wind fegte durch die Straßen.

Der Himmel hing voller dunkler Wolken und der Anwalt hatte eine dumpfe Vorahnung, dass bald eine Welle der Gewalt auf sie zurasen würde.

Es war kurz nach 10 Uhr, als er im unteren Parkdeck der Zentrale des SEK ankam.

Seine Gedanken kreisten um die Ereignisse im Lift, in der gestrigen Nacht.

Sie hatten sich aneinander abreagiert, hart, lustvoll und brutal.

Sein Hals war zerkratzt und seine Unterlippe von ihrem Biss angeschwollen.

So hatte er es nicht gewollt, er empfand eine tiefe Zuneigung, Achtung und Respekt vor ihr.

Ihre Leidenschaft war mitreißend gewesen, aber eigentlich wollte er im Einsatz solche privaten Eskapaden nicht.

Er glitt vom Ledersitz aus seinem Wagen und seufzte laut, als er die Türen mit einem Druck auf die Fernbedienung verriegelte.

Shit, wie sollte er ihr nun in die Augen schauen, nach der gestrigen Nacht.

Sie waren beide wortlos zu ihren Autos gegangen und hatten das Parkhaus getrennt verlassen, er selbst war über sich schockiert gewesen.

Seine Gefühle waren komplett entgleist in diesen Minuten und er hatte sie härter angefasst, als er beabsichtigt hatte. Langsam ging er über das Parkdeck auf den Aufzug zu, wie immer wunderte er sich über die gedämpfte Stille, die hier unten herrschte.

Die Ruhe vor dem Sturm, schoss es durch seinen Kopf.

Innerlich wappnete er sich auf die Begegnung mit ihr, was sollte er sagen?

Was würde sie sagen, wie würde sie reagieren?

Dass zwischen ihnen eine gefühlsmäßige Spannung herrschte, durfte auch ihr nicht entgangen sein.

Er war kein Mann, der sich schnell seinen Gefühlen hingab, das hatte er mit seinem besten Freund gemeinsam. Und doch konnte er ihn in diesem Moment besser denn je verstehen.

In der Mitte seines Lebens noch einmal Leidenschaft, Lust und völlige Hingabe zu erleben, übte gerade eine nahezu magische Anziehungskraft auf ihn aus.

Ein Schauer lief über seine Haut, als er sich erinnerte, wie sie seinen Namen stöhnte und sich ihre schlanken Beine um ihn geschlungen hatten.

Die Kratzer am Hals brannten unter dem dünnen Rollkragenpullover, und er leckte vorsichtig über die angeschwollene Lippe.

Er schmeckte noch immer das Blut der gestrigen Nacht…

Heiß und salzig, irgendwie metallisch…

Am Lift stehend, hörte er das schwere Tor des Parkdecks, langsam drehte er sich um.

Es war ihr Wagen, sie parkte neben der mittleren Säule und stieg langsam aus.

Dann schaute sie zu ihm herüber, ihre Augen waren unergründlich.

Als sie langsam auf ihn zukam, in Jeans und einer schwarzen Lederjacke, bewunderte er ihren geschmeidigen Gang.

Lautlos, einer Raubkatze gleich, kam sie auf ihn zu, die

Sohlen ihrer Turnschuhe gaben kein Geräusch von sich.

Wie immer, wenn sie auf ihn zukam, bemerkte er ihre Körpergröße, die hellen Haare hatte sie unter einer schwarzen Mütze versteckt.

Ihr Gesicht war ausdruckslos, als sie vor ihm stand.

Sie hob die Hand und berührte sanft seine geschwollene Lippe und ihr Mund formte ein tonloses Sorry.

Sein Grinsen war traurig und sie legte ihre Arme um seinen Hals, fest zog er sie an sich und atmete ihren vertrauten Geruch ein.

Leder, Rose und ein Hauch von Weihrauch.

Sein Herz klopfte wild und schon wieder verspürte er diesen inneren Druck, sie einfach wieder hier und jetzt, auf diesem einsamen Parkdeck zu nehmen.

Nicht schon wieder, er würde nicht zweimal in 24 Stunden die Beherrschung verlieren, schnell rückte er von ihr ab und sagte leise: „Nicht jetzt!“

Fragend blickte sie in seine Augen und er ignorierte abermals den Druck in seiner Hose.

Fast schmerzhaft fühlte er den Puls in seinen Lenden und unterdrückte krampfhaft den Impuls, sie zu küssen.

Zum Glück öffneten sich die Türen des Aufzugs und zwei der Scharfschützen von gestern Nacht kamen lachend aus der Fahrstuhlkabine.

Mit einem Kopfnicken in Richtung der beiden Männer, betrat Viola den Aufzug und er tat es ihr nach.

Sie mussten erst diesen Einsatz beenden, dieses Monster endlich fassen und wegsperren, dann konnte er sich Gedanken über seine Gefühle machen, die diese Frau betrafen.

Leise surrend glitt die Kabine in den dritten Stock, beide

blickten schweigend zu Boden, aber ihre Hand berührte seine, brennend fühlte er die Nerven seiner Haut an dieser Stelle…

Viola war schweigend nach Hause gefahren.

Sie hatte sich unter die eiskalte Dusche gestellt, nachdem sie ihre Kleidung achtlos auf den Boden hatte fallen lassen. Der kleine Slip war zerrissen, und sie hatte leichte Blutergüsse auf beiden Arschbacken.

Sein Griff war fest gewesen, fordernd, hart, hatte keine Wünsche in ihr offen gelassen.

Der sonst so kühle und berechnende Mann, hatte eine ganz andere Seite gezeigt.

Während das kalte Wasser auf ihren Körper spritzte, spürte sie noch immer seine Hände und Lippen auf ihrer erhitzten Haut.

Sie hatten sich beide gehen lassen, hatten den Job an die Seite geschoben und ihren Gefühlen freien Lauf gelassen. Viola war aggressiver gewesen, als es sonst ihre Art war. Ein leichter Anflug von Scham machte sich in ihr breit, sie hatte ihn gekratzt und gebissen, ihre Lust auf ihn hatte sich nicht zügeln lassen.

Schon seit ihrer ersten Begegnung mit ihm, war sie fasziniert gewesen von seiner kühlen Gelassenheit und seiner ruhigen Art.

Genauso mochte sie einen Mann, kühl und beherrscht, aber eigentlich ahnte sie, dass sein Herz für sie brannte.

Seine Leidenschaft ihr gegenüber war genauso hart und brutal, wie ihre für ihn.

Sie mussten endlich ihre Aufgabe erfüllen, und den Verrückten schnappen bevor noch mehr Opfer sterben mussten, er war so unberechenbar geworden.

Während sie unter dem eiskalten Strahl stand, rasten tausend Gedanken wie D-Züge durch ihren Kopf und sie konnte ihre körperliche Übermüdung fühlen. Ausgeschlafen morgen früh, würde sie sich besser fühlen und entspannter reagieren.

Jetzt stellte sie die Wassertemperatur auf 38 Grad und wärmte sich auf.

Das warme Handtuch um ihren Körper geschlungen, ging sie zu ihrem Bett und ließ sich in die Kissen fallen, die Haare waren nass, aber es war ihr egal…

Nur noch im Schlaf, vergessen suchen…

Als sie am nächsten Morgen ins Parkdeck fuhr, war sie nervös, wie würde er ihr gegenüber reagieren?

Heute hatte sie keinen Wert auf ihre Kleidung gelegt und auch nicht viel Zeit in ihr Äußeres investiert.

Jeans, Pullover und ihre Lieblingslederjacke mussten reichen.

Jetzt würden sie erst einmal eine Lagebesprechung haben, nach neuen Ansätzen und Eindrücken suchen.

Vielleicht sollten sie einen Profiler zu Rate ziehen, vielleicht brauchten sie dringend eine andere Sicht auf den Täter.

Mit ihrer Strategie waren sie nicht weit gekommen, er war vor ihrer Nase gewesen.

Hatte Katz und Maus mit ihnen gespielt.

Die Frustration im Team saß tief.

Solches Versagen waren die Männer nicht gewohnt und sie selbst auch nicht.

Law stand am Aufzug, sie schluckte den Kloß im Hals

herunter und parkte den Wagen ein.

Dann stieg sie aus und ging zu ihm, seine Unterlippe war angeschwollen und sie konnte ihre Bisspuren sehen. Wieder überkam sie Scham und sie formte mit ihren Lippen ein Sorry, es tat ihr wirklich leid, dass sie sich so gehen hatte lassen.

Sie fuhren nach oben und sie hätte gerne seine Hand genommen, begnügte sich aber damit, seine Haut mit ihrem Handrücken leicht zu berühren.

Im Konferenzraum saßen alle um den runden Tisch, der Chef hatte Frühstück spendiert und die Männer langten tüchtig zu bei den belegten Brötchen.

Wenn sie noch was abbekommen wollten, mussten sie sich beeilen.

Law hielt ihr schon eine Tasse dampfenden Kaffee entgegen und lächelte.

Dankbar nahm sie das Gefäß entgegen, und der Duft des Getränks weckte ihre Lebensgeister und ließ ihre Energie erwachen.

Sie griff sich ein Schinkenbrötchen und biss kräftig in die knackende Kruste und schmeckte den salzigen Geschmack des Belags.

Nun war sie endgültig wach und lauschte den Gesprächen und Vorschlägen ihrer Kollegen und des Chefs.

Die Konzentration aller Personen im Raum sammelte sich. Es fielen dumme Sprüche über Laws geschwollenen Lippe und etliche Seitenblicke gingen zu Viola.

Das Team hatte es also gemerkt, sie hatte gedacht, sie hätten es gut verborgen.

Aber durch irgendetwas war sie wohl doch aufgefallen,

sie musste besser achtgeben, beschwor sie sich selbst.

Dumme Sprüche bei der Arbeit konnte sie nicht brauchen, auch nicht, dass man ihr nachsagte, sie würde sich hoch schlafen.

Law war noch immer der Einsatzleiter und sie hatte in ihrer ganzen Karriere peinlichst darauf geachtet, dass solche Vorwürfe erst gar nicht aufkamen.

Nach nur einer knappen Woche in dieser neuen Truppe, hatte sie schon versagt.

# Kapitel 12 … Endlich …

Viola räusperte sich, dann ergriff sie das Wort.

Ihre Stimme war klar und deutlich als sie anfing, ihre Überlegungen zu erörtern.

Die Männer hatten sich ihr zugewandt und schenkten ihr die volle Aufmerksamkeit.

„Der Überfall auf die Wachmänner vor dem Haus von Laws Freund hat uns gezeigt, dass er immer wieder Orte aufsucht, die er gut kennt! Wo er sich auskennt!

Als wenn er in Erinnerungen herumstochert und nach einem Seil sucht, an dem er sich festhalten kann.

Was wäre, wenn wir die wichtigsten Punkte in seinem Leben beobachten lassen?

Was ist mit seiner Frau und seinen Kindern?

Wie ist der Bezug zu ihnen?

Das Haus von Laws Freund, nicht nur das am Wasser, wo der Überfall auf die Wachmänner stattgefunden hat, sondern das hier.

Die Wohnung, wo dein Freund mit seiner Lebensgefährtin gelebt hat…“

Sie schaute zu dem Anwalt rüber und nickte ihm zu.

„Wenn er so in seinem Wahnsinn gefangen ist, lebt er in der Vergangenheit.

Hat er noch Eltern?

Hat irgendjemand hier einen vernünftigen Background-Check von ihm gemacht?

Wenn nicht, sind wir Stümper, wie unser Chef es gestern erwähnte.“

Ihr Blick ging in die Runde, einer der Männer war aufgestanden, legte eine rote Mappe auf den Tisch.

„Ich habe sein Leben umgekrempelt, er ist Einzelkind, beide Eltern sind tot.

Über das Elternhaus habe ich keine klaren Auskünfte erhalten können.

Law, da müsstest du vielleicht mal deinen Freund kontaktieren, der könnte mehr wissen.

Frau und Kinder bedeuten ihm nichts, Freunde hat er keine, zumindest habe ich keine gefunden.

Verwandte scheinen auch alle verstorben zu sein, ich habe tief gegraben, aber nichts gefunden.

Die Informationen, die wir schon hatten, haben auch nichts Neues ergeben!“

Er setzte sich wieder an den Tisch und zuckte mit den Schultern.

Wenigstens hatte niemand geschlampt und eine ordentliche Überprüfung hatte stattgefunden.

„Die Idee, Vi, finde ich gar nicht so schlecht.

Haben wir genug Männer, Chef?

Ich denke auch, dass er immer wieder an Orten auftaucht, die er gut kennt.

Vielleicht ist es seine eigene Unsicherheit.

Ich bin es langsam Leid, im Dunkeln zu stochern, es kann doch nicht sein, dass dieser Mann wie vom Erdboden verschluckt ist?

Er hat keine Ausbildung, war er beim Militär?

Habt ihr da mal nachgeschaut, es kommt einem ja vor, als wäre er Agent oo9 oder hätte eine Tarnkappe!“

Laws Worte waren heftiger ausgesprochen, als er beabsichtigt hatte, alle sahen die Wut in seinen Augen.

Der Chef legte ihm besänftigend die Hand auf die Schulter und schaute jeden einzelnen von ihnen an.

„Jeder macht Überstunden, nimm so viele Männer, wie du brauchst und wenn du welche aus dem Urlaub holen musst, das ist mir scheissegal.

Ich will dieses Schwein endlich weggesperrt haben.

Die Zeitungen fangen schon an, sich über uns lustig zu machen.

Ich will endlich Resultate sehen!

Geht da raus und schnappt euch dieses mordlustige Schwein!“

Den letzten Satz hatte er in den Raum geschrien und alle waren zusammengezuckt und schauten betreten in eine andere Richtung.

Die Worte hallten noch immer im Raum und hatten alle zu neuem Kampfgeist angespornt.

Viola stand schon mit Law und drei anderen Männern an der Tatortwand, sie berieten, welche Orte sinnvoll waren. Man wollte keine Ressourcen verschwenden, sondern schnelle Ergebnisse erzielen.

Sie entschieden sich für acht, ihnen bekannte Punkte:

Das Vergnügungsviertel der Stadt, sollte von drei Männern beobachtet werden, das würde beileibe nicht ausreichen, aber es musste gehen.

Das Haus seines Freundes hier in der Stadt stand leer, genauso wie die Wohnung, in der das Paar teilweise gelebt hatte.

Er hatte von beiden die Schlüssel und würde jeweils einen Mann dort ansetzen.

Die Firma, in der sein Freund und teilweise auch der Täter gearbeitet hatten, sollte auch beobachtet werden.

Das Haus, in dem der Täter selbst gewohnt hatte, stand

zum Verkauf und auch dort, sollte jemand Posten beziehen.

Sie entschieden sich, auch noch die Kanzlei von Law beobachten zu lassen, da der Hass auf den Anwalt mittlerweile groß sein musste.

Wenn er so tickte, wie sie vermuteten, würde der Anwalt auch zur Zielscheibe werden können.

Law entschied, das noch zu fördern und würde sowohl dem Haus seines Freundes, als auch der Wohnung und seiner Kanzlei, einen ausgedehnten Besuch abstatten.

Vielleicht wäre er auch ein guter Lockvogel für den Wahnsinnigen, schließlich hatte er ihn angeschossen.

Sein Hass auf ihn musste sicherlich auch mit jedem Tag größer werden.

Jetzt wo sein Freund mit seiner Gefährtin das Land verlassen hatte und für den Irren, wie vom Erdboden verschluckt wäre.

Er konnte nicht wissen, dass seine potenziellen Opfer, das Land verlassen hatten, für ihn musste es völlig unverständlich sein, wo sie sich aufhielten.

Zumindest gingen sie davon aus, aber in diesem Fall hatten sie schon einige Überraschungen erlebt.

Law verwunderte nichts mehr, dazu hatte er in den letzten Wochen zu viel Bizarres erlebt.

Die Entscheidung war gefallen und er teilte die Männer ein.

Viola würde er in die Wohnung schicken, sie konnte lüften, nach der Post sehen und sich etwas dort aufhalten. Vielleicht würden sie schon in den nächsten Stunden Glück haben.

Er selbst würde sich mit einem Heckler & Koch Gewehr auf die Lauer legen.

Wenn dieses Arschloch sich auch nur dem Eingang nähern würde, wäre sein Schicksal besiegelt.

Er würde nicht zögern und das Schwein selbst zur Strecke bringen.

Noch ahnte niemand, dass sich die Ereignisse überschlagen würden und er recht behalten sollte, keine sechs Stunden später, würde die Falle zuschnappen…

Nachdem alle Einsatzkräfte die Zentrale des SEK verlassen hatten, ging jeder auf seine Position.

Law setzte Viola an der Wohnung ab und suchte sich zwei Häuser weiter, einen Ausblick auf die komplette vordere Front des Hauses.

Sie würde alle Fenster öffnen und sich so in der Wohnung präsentieren, dass er sie sehen musste, wenn er kam.

Er hatte einen seiner besten Scharfschützen dabei, um die Rückseite zu sichern.

Ungesehen und ungefragt, kam er in das Nachbarhaus hinein und nahm die fünf Stockwerke zum Flachdach des Hauses im Laufschritt.

Die Tür zum Dach war unverschlossen und er suchte sich den besten Blickwinkel aus.

Hier hatte er die Front und beide Seiten perfekt im Visier.
Er packte die Heckler & Koch aus und schraubte den Schalldämpfer vorne auf.

Eigentlich war das hier nicht notwendig, wenn er schießen musste, würde er es tun.

Egal, wie laut es werden sollte.

Er warf die Isomatte auf den Boden und streckte sich lang darauf, dann positionierte er das Gewehr mit dem Lauf auf der Dachkannte.

Den Gewehrkolben auf der Schulter, schob er das Magazin ein und sicherte die Waffe.

Dann streckte er sich flach aus und drückte den Gewehrlauf fest in die Mulde zwischen Arm und Schulter. So würde er den Rückstoß minimieren und das Gewehr beim Schuss stabilisieren.

Er richtete sich auf eine lange Wartezeit ein.

Sie hatten ausgemacht, dass Viola circa fünf Stunden in der Wohnung bleiben würde.

Er war es aus seiner Scharfschützenzeit gewohnt, stundenlang flach, still und konzentriert zu liegen.

Er richtete das Zielvisier auf die Haustür und hatte die Klinke mittig im Fadenkreuz.

Das Warten begann…

Nach zwei Stunden Konzentration, griff er zu dem kleinen Fernglas, seine Knie schmerzten und er merkte, dass er keine dreißig Jahre mehr wie damals war.

Der Regen hatte zum Glück aufgehört, aber der Wind fegte mit vehementer Kraft über das Flachdach und heulte um die Hauswände.

Am Himmel rasten noch immer schwarze Wolken und es dämmerte bereits in den Straßen.

Er konnte sie in der hell erleuchteten Wohnung umherlaufen sehen, schön auf dem Präsentierteller.

Das blonde Haar leuchtete und er betrachtete ihre schlanke, athletische Gestalt.

Sie war nicht im klassischen Sinne schön, aber für ihn im Moment die Eine, die er gerne sein nennen würde.

Er wollte mit ihr zusammenleben, aber das musste warten. Also sondierte er das komplette Gelände mit dem Fernglas rund um das Haus, konnte seinen Kollegen sehen, der das Gewehr im Anschlag hielt, den Finger am Abzug.

Gerade wollte er das Fernglas weglegen, da bemerkte er auf der anderen Straßenseite eine dunkle Gestalt,

tief ins Gesicht gezogene Kapuze.

Er sog scharf die kalte Luft ein, mahnte sich, ruhig zu bleiben.

Leise forderte er Verstärkung durch den hochempfindlichen kleinen Funksender an, der in seinem Ohr steckte und am Kragen seines Pullovers befestigt war.

„Nick, auf der anderen Straßenseite, der Baum, in dem die Raben sitzen. Er beobachtet sie.
Er muss es sein. Der Van ist unterwegs, ich nehme ihn ins Visier, sobald er drinnen ist, habe ich ihn.
Ich kann die kompletten Fenster absichern und warte auf das Zeichen von ihr. Bleib auf Position, vielleicht versucht er es auf deiner Seite, aber ich glaube er geht zur Tür rein!“

Seine Stimme war ein Flüstern und sein Auge schon auf die Zieleinrichtung des Gewehrs gerichtet.

Der Kopf des Kapuzenmannes war in dem Fadenkreuz seines Visiers.

Er würde ihn nicht töten, aber komplett außer Gefecht setzen, er wollte ihn lebend, wollte wissen, warum diese Kreatur so durchgedreht war.

Geisteskrank, irrsinnig, wahnsinnig, mordlüstern, blutgeil, alle Attribute passten.

Er entsicherte das Gewehr und drückte den Lauf wieder in die Schultermulde.

Kein Nerv zuckte, seine Lider waren starr.

Jeder Wimpernschlag bedeutete, den Bruchteil einer Sekunde nichts zu sehen.

Die dunkle Gestalt schritt langsam auf die Haustür zu, der Gang federnd. Er glaubte die Statur des Mannes zu erkennen, den er schon einmal angeschossen hatte.

Viola ging zur Wohnungstür, er musste geschellt haben… Sie öffnete und alles ging blitzschnell.

Das verabredete Handzeichen von ihr war da, sie lockte ihn an die Fensterfront, mit dem Rücken stand er als perfekte Zielscheibe im Visier.

Er atmete ruhig durch, versuchte seinen Hassimpuls zu unterdrücken, zielte sorgfältig zwischen den Schulterblättern. Die Chance des Monsters zu überleben, stand bei fifty-fifty. Ein Kopfschuss würde ihn sofort töten. Sein Griff am Magazin verstärkte sich, als der Finger sich durchspannte und den Abzug betätigte. Die Waffe drückte seitlich weg, aber sein Griff war hart, er spürte den Stoß in der Schultermulde. Ein dumpfes Plop ertönte aus dem Lauf, im Visier sah er, wie der Täter vor Viola zusammenbrach. Endlich hatten sie das Schwein. In der Ferne hörte er die Sirenen heulen, was für ein Zufall, dachte er im Aufspringen. Mit zwei großen Schritten war er an der schweren Eisentür zum Dachaufgang und stürmte ins Treppenhaus.

## Ende

# Epilog

Wer mehr über die Hintergründe des Täters wissen möchte, darf sich auf einen nächsten Roman mit Lawyer und Viola Velvet freuen.

Dort werden die beiden den wahnsinnigen Täter, in der Forensischen Psychiatrie, in die Mangel nehmen und gleichzeitig einen Fall im Tattoomillieu bearbeiten.

Freut euch auf Spannung und eine aufregende Lovestory unser beiden neuen Protagonisten…

Mein besonderer Dank gilt Mark H. für das Korrekturlesen und Marcel R., der mir die Möglichkeit gegeben hat, mich im Umgang mit Schusswaffen zu erproben.
Alle, die mich bei dieser Romantrilogie unterstützt und bestärkt haben, vielen Dank, ohne euch wäre dieses Projekt niemals zustande gekommen.

**www.annklee.info**

**Teil 1 der Trilogie**

**Fateful Lust – Verhängnisvolle Lust**

Fateful Lust, der erste Teil einer Trilogie, beschreibt die Beziehung eines Paares, das eine ungeheure sexuelle Anziehungskraft verbindet, der sich die beiden nicht entziehen können. Was als Jugendromanze begann, setzt sich viele Jahre später nach einem Wiedertreffen im Erwachsenenalter fort. Doch empfinden die Protagonisten mehr füreinander, als nur körperliche Lust? Oder steuern die beiden auf eine Katastrophe zu.

Fateful Lust ist mehr als ein Erotikroman.
Es ist eine Liebesgeschichte mit Thriller Elementen, die der Leser so bald nicht aus der Hand legt.

**Erschienen im Rediroma-Verlag 2021**

**Teil 2 der Trilogie**

**Fateful Feelings – Verhängnisvolle Gefühle**

Im ersten Roman der Trilogie, Fateful Lust, finden die beiden Protagonisten ihren gemeinsamen Weg durch ein Labyrinth der Lust und Gefühle.
Im zweiten Teil, Fateful Feelings, versuchen beide auf ihre eigene Art, mit den Vorfällen der Vergangenheit abzuschließen.
Doch der Sumpf aus Neid, Hass und Habgier wird immer tiefer und zieht das Paar mit aller Kraft, in eine Abwärtsspirale des Hasses. Nichts ist, wie es zu sein scheint. Jahrelanges Vertrauen wandelt sich in Zorn und Gewalt. Alle Geschehnisse gipfeln in einer Verwechslung und enden in einem Meer aus Tränen und Blut.
Die Tore zur Hölle haben sich geöffnet.
Wer mit dem Teufel spielt, muss seinen Preis bezahlen.
Wird das Band, das beide verbindet, endgültig zerrissen?
Atemberaubende Spannung und ein furioses Finale!
Wie wird es weitergehen?

Fateful Feelings ist ein erotischer Roman, in dem die Thriller Elemente den Leser in ihren Bann ziehen, und so schnell nicht mehr loslassen werden.

**Erschienen im Rediroma-Verlag 2021**